ᴟ

*Sie lief nie weg. Sie wußte inzwischen,
wo ihr Platz war.*

Peter Handke: Wunschloses Unglück

Brigitte Blobel

Tanzen sehr gut – Mathe ungenügend

CIP-Titelaufnahme der Deutschen Bibliothek

Blobel, Brigitte:
Tanzen sehr gut – Mathe ungenügend / Brigitte Blobel. –
München : F. Schneider, 1989
  (Gefühlssachen)
  ISBN 3-505-09888-4

Dieses Buch wurde auf chlorfreies,
umweltfreundlich hergestelltes
Papier gedruckt.

© 1989 by Franz Schneider Verlag GmbH
Schleißheimer Straße 267, 80809 München
Alle Rechte vorbehalten
Titelbild und Fotos: Alfonso D'Aponte
Umschlaggestaltung: Claudia Böhmer
Lektorat/Redaktion: Renate Navé
Herstellung: Brigitte Matschl
Satz/Druck: Presse-Druck Augsburg
Bindung: Conzella Urban Meister, München-Dornach
ISBN: 3-505-09888-4

„Nike träumt mal wieder", sagte Hella Ingwersen. „Schau dir nur an, wie das Kind dasitzt und träumt."

Nike, die sich in dem Fernsehsessel, der eigentlich der Stammplatz ihres Vaters war, wie eine Schnecke zusammengerollt hatte und gedankenverloren eine Haarsträhne durch den Mund zog, während sie auf den Fernseher starrte, hob für eine halbe Sekunde den Kopf.

„Ich bin kein Kind mehr", sagte sie.

„Da hörst du es." Dr. Frank Ingwersen, Nikes Vater, lachte. „Unsere Nike ist kein Kind mehr. Sie wird morgen nämlich schon fünfzehn."

„Oh, was für ein biblisches Alter."

„Alt wie Methusalem. Fünfzehn Jahre! Du liebe Güte! Was für ein weltbewegendes Ereignis."

Nikes Mutter Hella, die einen Berg Strümpfe, den sie aus dem Wäschetrockner geholt hatte, sortierte, stand plötzlich auf und drehte den Fernseher aus. „Schluß für heute", sagte sie. „Sonst kann unsere junge Dame an ihrem Jubeltag morgen nicht aus den Augen gucken."

„Das ist gemein, Mami!" Blitzschnell war Nike aus dem Sessel geklettert und zum Fernseher gelaufen. Und schon flimmerte wieder das Bild über den Schirm. „Ich bin überhaupt noch kein bißchen müde. Ich will auch sehen, wie der Film ausgeht."

„Aber du hast doch eben schon halb geschlafen", sagte Nikes Mutter protestierend.

„Außerdem ist der Film überhaupt noch nichts für dich", meinte Nikes Vater, der in solchen Fällen immer auf der Seite seiner Frau war. „Diese Eheprobleme, um die es da geht – damit kannst du doch überhaupt noch nichts anfangen."

„Unser kleines Küken war ja noch nicht einmal verliebt", sagte Hella lächelnd.

„Hat eben nur das Tanzen im Kopf. Aber das ist ja auch in Ordnung so."

„Ja?" fragte Nike. „Findet ihr?" Sie schaute ihre Eltern skeptisch an.

Aber sie lächelten ganz arglos. „Du weißt doch, wie schön wir es finden, daß du so gerne tanzt."

„Andere Kinder haben schlimmere Hobbys", sagte Dr. Ingwersen. „Die hocken in den Diskotheken rum oder rauchen oder machen sonst irgendwelchen Unsinn. Da ist mir unsere kleine Primaballerina wirklich viel lieber."

Nike ging auf ihren Vater zu und legte ihm die Arme um den Hals. „Ich finde Tanzen auch so supertoll", sagte sie schwärmerisch. „Am liebsten würde ich überhaupt nichts anderes tun."

„Na, na, was sind das für Reden." Frank Ingwersen tätschelte Nikes Arm. „An erster Stelle kommt immer noch die Schule. Du weißt doch, was ich dir immer sage: In diesen Zeiten gibt es nichts Wichtigeres als eine gute Schulbildung. Das ist die Voraussetzung für ein gesichertes Leben."

„Ich will aber kein gesichertes Leben", meinte Nike. „Ich möchte, daß mein Leben ganz unheimlich toll und schön und aufregend und spannend wird."

„Aber klar, das wird es auch, Schätzchen." Hella Ingwersen lachte. „Zum Beispiel morgen. Da bekommst du eine wunderschöne Geburtstagsparty."

„Ich freu mich auch schon riesig", sagte Nike. Aber auf etwas anderes, dachte sie, freue ich mich noch viel mehr! Sie hütete sich, das laut zu sagen. Das war ihre Überraschung, das wollte sie sich für ihren fünfzehnten Geburtstag aufsparen. Heimlich schaute sie auf die Uhr: Viertel nach zehn. Sie gähnte und hielt die Hand vor den Mund. „Ich verkriech mich jetzt in meine Höhle", sagte sie, eine schläfrige Pirouette mitten im Zimmer drehend. „Morgen muß ich erst zur dritten Stunde. Wir können also ein unheimlich tolles, gemütliches Geburtstagsfrühstück machen. Krieg ich auch einen Kuchen und Kerzen und all so was?"

Hella Ingwersen lächelte. „Ich denke, du willst kein Kind mehr sein."

„Ach, Mami." Nike gab ihrer Mutter einen zärtlichen Kuß. „In solchen ganz besonderen Fällen bin ich dann doch wieder ziemlich gerne noch ganz klein." Sie nahm ihr Englischbuch, das kleine weiße Stoffschäfchen – ihr Maskottchen –, und ging in ihr Zimmer.

Während sie sich auszog, summte sie eine Melodie, nach der sie am Nachmittag neue Tanzschritte studiert hatten. Etwas aus dem Ballett *Schwanensee* von Tschaikowsky. Unheimlich schön. Nike kannte den *Schwanensee* fast auswendig. Zweimal war sie mit ihren Eltern schon in die Hamburger Oper gefahren, um eine Ballettaufführung zu sehen. Und zum Geburtstag hatte sie sich wieder Karten gewünscht. Diesmal für den *Nußknacker*. Sie war ziemlich sicher, daß die Eltern ihr den Wunsch erfüllen würden. Weil sie ihr fast jeden Wunsch erfüllten. Schließlich war sie das einzige Kind, und ihre Mutter hatte ihr manchmal in Andeutungen erzählt, wie schwierig die Schwangerschaft gewesen sei und wieviel Angst sie gehabt hätten, daß womöglich noch vor der Geburt etwas schiefginge.

„Du bist wirklich ein Wunschkind gewesen", hatte die Mutter ihr einmal gesagt. „Ich werde nie den Augenblick vergessen nach dem Kaiserschnitt, als ich aufwachte und die Säuglingsschwester mir dieses kleine rosige Bündel in den Arm legte. So ein Glücksgefühl! Ich wünschte, das könnten alle Kinder von sich sagen, daß sie von ihren Eltern so ersehnt wurden wie du. Sogar einen Vornamen hatte wir uns schon lange für dich ausgedacht: Arnika! Inzwischen nennen dich alle Nike... Es ist ein bißchen schade um den schönen Namen Arnika, aber da kann man wohl nichts machen."

Arnika trug an diesem Abend vor ihrem fünfzehnten Geburtstag ihr Lieblingsnachthemd aus hellblauem Flanell, das ganz besonders kuschelig weich und warm war und in dem sie eigentlich aussah wie zwölf. Aber wen störte das schon! Abends in ihrem Zimmer mochte sie ganz gerne noch ein kleines Mädchen sein. Nur beim Tanzen, da war es wichtig, erwachsen zu werden. Nur wegen des Tanzens war sie manchmal, wenn das Leben so langsam voranging, ziemlich ungeduldig.

Nike nahm aus der Schreibtischschublade ihr Tagebuch, holte einen Filzstift aus der Schulmappe und kletterte ins

Bett. Sie stopfte die Kissen in den Nacken, setzte das Stoff-schäfchen auf seinen Platz zwischen ihren Füßen, klappte das Tagebuch auf und begann zu schreiben:

Dienstag, den 15. März

Es ist halb elf Uhr abends. Jetzt sind es nur noch neunzig Minuten, bis ich fünfzehn werde. Nicht zu fassen, daß es endgültig soweit ist! Nur noch neunzig Minuten. Ich will versuchen, wach zu bleiben, um das tolle Gefühl zu genießen. Aber es macht auch nichts, wenn ich einschlafe. Schließlich weiß ich genau, daß beim Aufwachen der ersehnte Augenblick da ist. Fünfzehn Jahre! Mit fünfzehn nehmen sie einen im Ballettinternat auf. Mit fünfzehn kommt man schon in die Klasse für Fortgeschrittene – ich auf jeden Fall, hat Mademoiselle Veronique gesagt. Daß meine Sehnen mitmachen, ist doch logisch. Mit meinen Sehnen ist nie was gewesen. Höchstens die Rückenschmerzen nach den Übungen an der Sprossenwand... Aber von den Rückenschmerzen weiß ja keiner was. Ich werde mich hüten, es jemandem zu sagen. Ich bin total si-cher, die gehen genauso von selbst wieder weg, wie sie gekommen sind.

Also morgen früh beim Frühstück werde ich es ih-nen sagen. Ich werde ihnen sagen, daß ich mich ent-schlossen habe, nur noch für das Tanzen zu leben. Ich weiß jetzt, was ich will! Ich will Ballettänzerin werden. Und dazu muß ich Zeit zum Trainieren haben, viel mehr Zeit als heute. Und deshalb muß ich das Gymnasium aufgeben und in ein Ballettinternat gehen. Aber nur in ein ganz bekanntes, wo große Tänzer ausgebildet werden, Leute, die in New York, in Boston, in Tokio, in Paris tanzen.

Und ich werde eines Tages eine von ihnen sein, eine Primaballerina... Und dann werden sich meine Eltern ins Flugzeug setzen und mich besuchen und abends bei der Aufführung in der ersten Reihe sitzen. Und nachher gehen wir in ein ganz tolles Restaurant und schlagen uns den Bauch voll mit Spaghetti Carbonara. Mit Sahnesoße nämlich, weil ich nach dem Tanzen immer so einen tierischen Hunger habe. Hoffentlich geht mein Traum in Erfüllung! Ich wünsche mir nichts sehnlicher. PS: Wenn es schiefgeht, dann weiß ich auch nicht, was ich mache. Dann..., ach was. Es geht ja nicht schief.

Nike las ihre Eintragung noch einmal mit gerunzelter Stirn, dann klappte sie das Tagebuch zu, schob es unter das Kopfkissen, knipste das Licht aus und war fünf Minuten später eingeschlafen.

Der 16. März war ein Mittwoch. Ein ganz gewöhnlicher Mittwoch, mit einem ganz gewöhnlichen norddeutschen Schmuddelwetter. Als Nike die Vorhänge zurückzog und die nassen Schneeflocken sah, die auf dem Fenstersims schmolzen, war sie dennoch kein bißchen enttäuscht. Das Wetter war ihr vollkommen egal. „Von mir aus kann es kleine Hunde schneien", sagte sie. „Ich bin jetzt fünfzehn. Alles andere ist mir egal."

Trällernd ging sie ins Bad, zog sich an, band sich eine Schleife ins Haar und wartete. Sie wußte, daß sie warten mußte. Das war immer schon so, wenn jemand bei den Ingwersens Geburtstag hatte. Der durfte auf keinen Fall ins Wohnzimmer gehen, bevor er gerufen wurde, denn das war das Geheimniszimmer, in dem der Geburtstagstisch aufgebaut wurde mit den Geschenken – und ein ganz besonders schöner Frühstückstisch!

Nike fand es toll, daß man einmal im Jahr Mittelpunkt war. Wenn man Geburtstag feierte, war man der Star, wurde behandelt wie etwas ganz Besonderes. So, als wenn es ein persönliches Verdienst wäre, irgendwann an einem Tag vor etlichen Jahren auf die Welt gekommen zu sein. Man wurde belohnt, bestaunt, alle fanden, man sähe toll aus, und jeder sagte einem, daß man es im Leben bestimmt noch weit bringen würde. Alle wünschten einem Gesundheit, Glück, Geld, Liebe, Erfolg, gute Zeugnisse oder ganz viele Kinder, je nachdem.

Nike saß, an ihrer Schleife zupfend, in ihrem Zimmer, das Stoffschäfchen auf dem Schoß, und hörte auf das geschäftige Rumoren, das unterdrückte Lachen und die leisen Rufe, mit denen ihre Eltern sich verständigten. Bestimmt suchen sie wieder irgendein Geschenk! dachte sie grinsend. Es gab niemanden, der vergeßlicher war als ihre Mutter. Einmal hatte sie, als wichtige Gäste zum Abendessen eingeladen waren, Schokoladentrüffel in der teuersten Konditorei der Stadt gekauft und sie vor Nike, die eine berühmte Naschkatze war, sehr listenreich versteckt. Am Abend aber, als sie die Schokoladentrüffel anbieten wollte, konnte sie sich überhaupt nicht mehr erinnern, wo sie sie hingestellt hatte. (Sie fanden sich dann ein halbes Jahr später auf dem Dachboden neben dem Karton mit dem Tannenbaumschmuck.)

Und das goldene Kettchen, das Nike zu Weihnachten bekommen sollte, fand sich schließlich Ostern, in einer von Mamas Kostümjacken. Hella Ingwersen war dann jedesmal in Tränen aufgelöst. Und wenn Nikes Vater sagte: „Du mußt dir einfach aufschreiben, wo du die Sachen versteckst", dann meinte sie nur: „Aber das ist doch das gleiche! Dann muß ich doch auch den Zettel verstecken. Denn Nike mit ihren Adleraugen, die sieht den Zettel sofort. Und ob ich nun den Zettel suche oder das Geschenk, das bleibt sich gleich."

Es klingelte.

Nike hörte, wie ihr Vater die Haustür aufmachte und etwas sagte. Dann wurde die Haustür wieder geschlossen.

Nike wartet mit klopfendem Herzen. Zum ersten Mal fand sie die Geschenke nicht so wichtig. Viel wichtiger war das Ereignis. Daß sie ihren Eltern sagen würde: Ich will Tänzerin werden. Sie war schrecklich gespannt, wie die Eltern reagieren würden. Sie begann an ihren Nägeln zu kauen, während sie auf das Plakat über dem Schreibtisch schaute. Marcia Haydee, die große Primaballerina, als Kameliendame. Wie schön sie aussah! Wie grazil. Wie elegant sich ihr Körper bog. Ein schönes Foto. Nike träumte, daß es eines Tages auch von ihr ein Poster geben würde. Darüber würde dann stehen: „Hamburger Ballett-Tage". Und dann ihr Name. Und dann der Name des Ballettstückes, in dem sie tanzen würde. Und vor der Abendkasse eine Traube von Menschen, die alle noch Karten kaufen wollten, um sie tanzen zu sehen, sie, die göttliche Arnika Ingwersen. Aber vielleicht sollte sie sich einen Künstlernamen zulegen? Irgend etwas Romantisches. Oder etwas, das russisch klang. So wie Svetlana. Svetlana, fand Nike, war irgendwie genau der richtige Name für eine Solotänzerin.

Plötzlich merkte sie, daß sich etwas verändert hatte. Ihre Eltern sprachen jetzt laut miteinander, heftig. Es klang, als regten sie sich schrecklich über irgend etwas auf. Als würden sie sich anfangen zu streiten.

Nike ging zur Tür und öffnete sie einen Spalt.

„Es ist alles deine Schuld", sagte ihr Vater gerade heftig. „Du bist immer viel zu nachsichtig gewesen! Du hast ihr ja diese Flausen in den Kopf gesetzt."

„Ich?" rief Hella Ingwersen. „Ich habe ihr die Flausen in den Kopf gesetzt? Wie ungerecht! Du warst doch derjenige, damals bei der Weihnachtsfeier im Kinderballett, der immerzu gesagt hat: ‚Ach wie süß, unsere kleine Nike, ach wie entzückend!'"

„Das war vor zehn Jahren", knurrte Nikes Vater.

„Na und? Hast du ihr das Tanzen vielleicht verboten?"

„Wie sollte ich? Aber ich hatte ja keine Ahnung, daß sie

dermaßen schlecht in der Schule ist. Ihr habt offenbar die letzten Klassenarbeiten alle vor mir verheimlicht."

„Wir? Vor dir verheimlicht? Ich hatte doch selber keine Ahnung. Wie soll ich vor dir etwas verheimlichen! Nike erzählt doch nie, wenn sie eine Arbeit verpatzt. Und wenn man sie fragt, bekommt man ausweichende Antworten."

„Das hättest du dir eben nicht gefallen lassen dürfen."

„O Gott", seufzte Nikes Mutter. „Und das ausgerechnet heute, an ihrem Geburtstag!"

Nike war kreidebleich geworden. In diesem Augenblick fiel ihr ein, daß der Klassenlehrer etwas von blauen Briefen gemurmelt hatte, die er abgeschickt habe, Mitteilungen an die Eltern, nannte er das wohl. Und siedendheiß fiel Nike jetzt auch der Blick ein, den er ihr dabei zugeworfen hatte.

Nike schloß die Augen. Ihr war ganz schwindlig. Sie hörte mit klopfendem Herzen, wie Schritte sich näherten, und als die Tür ganz heftig aufgestoßen wurde, prallte sie vor Schreck so zurück, daß sie sich gleich auf das Bett fallen ließ. Ihr Vater stand im Zimmer. Er schaute Nike an mit einem Gesicht, das alles gleichzeitig ausdrückte: Trauer, Zorn, Enttäuschung. Vor allem Enttäuschung. Ihr Vater hatte eine ganz besondere Begabung, immer so auszusehen, als wenn man ihm persönlich ein Unrecht zugefügt hätte. Nike haßte es, wenn ihr Vater so ein Gesicht machte. Weil sie sich dann immer so schuldig vorkam.

Sie fragte mit ganz leiser Stimme: „Ja? Was ist?" Frank Ingwersen sagte nichts. Er machte immer nur dieses Gesicht.

„Ist... ist etwas passiert?" fragte Nike zitternd.

„Das kann man wohl sagen", murmelte ihr Vater. „Am besten kommst du gleich mit und erklärst deiner Mutter, was das alles zu bedeuten hat."

Nike nickte. Sie zerrte die Schleife aus ihrem Haar und ging mit gesenktem Kopf hinter ihrem Vater her.

Der drehte sich plötzlich mitten im Flur um. „Ach, herzlichen Glückwunsch übrigens."

„Danke", flüsterte Nike.

„Hätte ich bei der Aufregung beinahe vergessen. Aber du hast wirklich ein besonderes Talent, einem die Freude zu verderben."

Du auch, hätte Nike am liebsten gesagt. Aber sie zog es vor zu schweigen. Ihr war ohnehin schon schlecht. Noch mehr Aufregung würde sie nicht aushalten, das wußte sie genau. Besser, sie hielt einfach den Mund.

„O Nike", sagte Hella Ingwersen, „o Nike..." Sie stand neben dem Geburtstagstisch, wo auf einem mit Puderzucker bestäubten Napfkuchen fünfzehn kleine weiße Kerzen brannten, mit Glücksklee und Herzchenmuster, wie Nike aus den Augenwinkeln sah. Ihre Mutter machte überhaupt kein fröhliches Gesicht. Sie hielt einen Brief in der Hand, einen weißen Brief, der für einen Augenblick Nikes Herz wieder höher schlagen ließ. Also doch kein blauer Brief? Denn ein blauer Brief hatte ganz einfach blau zu sein, wenigstens der Umschlag. Aber dieser war weiß.

„Du hast uns alles verdorben", sagte Nikes Mutter. „Und wir hatten uns so auf deinen Geburtstag gefreut."

Sie seufzte und sah aus, als würde sie jeden Augenblick in

Tränen ausbrechen. Dabei warf sie einen hilfesuchenden Blick auf Nikes Vater, der mit stummem Vorwurf danebenstand.

Was glaubt ihr denn? dachte Nike. Glaubt ihr vielleicht, ich hätte mich auf meinen Geburtstag nicht gefreut? Sie sah die Geschenke auf dem Tisch, alle wunderschön in glitzerndes Papier verpackt, mit großen Schleifchen und aufgeklebten Glanzsternchen. Ein richtig schöner Geburtstagstisch, dachte Nike. Und dann dachte sie: Verdammt, verdammt, verdammt...

Nikes Vater räusperte sich und warf seiner Frau einen vorwurfsvollen Blick zu. „Vielleicht sagst du deiner Tochter endlich, worum es geht."

„Das wäre schön", meinte Nike kleinlaut. „Ich hab nämlich echt keine Ahnung."

„Du weißt wirklich nicht, was los ist?" fragte Hella Ingwersen ungläubig. Sie wedelte mit dem Briefumschlag vor Nikes Gesicht. „Dieser Brief ist eben angekommen. Absender: Goethe-Gymnasium. Und was glaubst du wohl, was der Direktor uns schreibt?"

Nike schloß die Augen. Ihr war so schlecht, am liebsten wäre sie aufs Klo gerannt. Aber sie wußte, daß ihre Eltern für diese Art von Flucht kein Verständnis haben würden. Sie mußte das ganz einfach durchhalten, auch wenn es nicht ging. Es mußte eben gehen. Irgendwie.

„Vielleicht", flüsterte sie, „ist er mit meinen Zensuren nicht einverstanden."

„Schau an! Schau an! Jetzt kommen wir der Wahrheit näher." Nikes Vater ging mit forschen Schritten zum Geburtstagstisch und blies die Kerzen aus. Dann drehte er sich zu Nike um, verschränkte die Arme und sagte: „Also bitte, wir hören!"

Nike atmete tief durch. Ihr war wirklich ganz schwindlig. Sie hätte sich am liebsten auf den nächsten Stuhl fallen lassen, aber das wagte sie nicht. Ihr Gesicht glühte.

„Ich weiß ja, daß meine Leistungen nicht gerade berauschend waren", sagte sie mit dem letzten Anflug von Trotz und Tapferkeit. „Weiß ich doch."

„Aber wir, wir wußten es nicht!" Die Stimme ihres Vaters wurde lauter; er war sichtlich erregt. Nike konnte es nicht ertragen, wenn ihr Vater in einem solchen Ton mit ihr sprach. Normalerweise wäre sie aus dem Zimmer gerannt. Aber das ging jetzt nicht. Das wäre nicht fair gewesen. Ihre Mutter hatte wieder diesen flehenden Blick, als wolle sie Nike dazu bringen, irgend etwas unheimlich Positives zu sagen. Als könnte Nike mit einem Wort diese heillose Situation wieder in Ordnung bringen, und alles wäre auf einmal so fröhlich und heiter, wie sie es sich vorgestellt hatte.

„Hier steht", sagte der Vater, indem er seiner Frau den Brief aus der Hand nahm, „daß deine Leistungen in Mathematik, Physik und Chemie mangelhaft sind. Mangelhaft!" Dr. Ingwersen schlug sich wütend an den Kopf. „Und das will meine Tochter sein! Und so jemand will später einmal Medizin studieren!"

Nike senkte den Kopf. Die blonden Haare fielen wie ein Vorhang vor ihr Gesicht.

„Schau uns an", sagte Dr. Ingwersen streng.

Nike hob den Kopf.

„Nimm die Haare von den Augen", sagte Nikes Mutter.

Nike strich mit einer verzagten Bewegung die Haarsträhnen von den Augen zurück. Sie schaute ihre Eltern traurig an. Dann sagte sie, ganz leise, aber dennoch so deutlich, daß man ihre Worte sehr gut verstehen konnte: „Ich finde solche Fächer wie Mathe, Physik und Chemie eben total bescheuert. Ich kapier sie einfach nicht. Ich komm damit nicht zurecht. Diese blöden Formeln langweilen mich zu Tode."

Ihr Vater war ganz blaß vor Zorn. „Aha. Das Lernen langweilt dich. Das interessiert dich einfach nicht. Egal, ob es ein wichtiges Schulfach ist – meine Tochter langweilt sich und denkt überhaupt nicht daran, ihr kleines hübsches Köpfchen zu bemühen. Nur keine Anstrengung, nicht wahr? Na herrlich." Er schlug sich gegen die Stirn und schüttelte verständnislos den Kopf.

„Nicht so laut, Frank", sagte Hella Ingwersen beschwichtigend. „Du sollst dich nicht aufregen. Du mußt gleich in die Praxis."

Nikes Vater war Facharzt für Hals,- Nasen- und Ohrenkrankheiten. Er hatte eine wunderschöne große Praxis im neuen Einkaufscenter und verdiente ziemlich viel Geld. Sein Traum war es, daß Nike eines Tages diese Praxis übernehmen würde. Nikes Mutter jedoch meinte, für eine Frau sei es viel schöner, Kinderärztin zu werden. Darüber stritten die beiden sich gerne, und Nike saß dann immer nur schweigend da und schaute von einem zum anderen.

„Wie soll ich mich nicht aufregen, wenn ich am fünfzehnten Geburtstag meiner einzigen Tochter einen solchen Brief bekomme?" rief Dr. Ingwersen. „Das klingt ja beinahe, als wäre meine Tochter zu dumm fürs Gymnasium! Das ist eine Schande, Arnika." Er faßte Nikes Schultern und zwang sie, ihm in die Augen zu sehen. „Wie willst du denn mal das kleine Latinum schaffen, wenn du jetzt in der neunten Klasse schon versagst?"

Nike schluckte. „Ich will ja das große Latinum überhaupt nicht schaffen. Ich will ja gar nicht Latein lernen."

„Aber ohne Latein wirst du nie Medizin studieren können!" sagte Hella Ingwersen. „Das haben wir dir doch schon hundertmal erklärt."

Nike wurde wieder schwindlig. Ihr Kopf glühte so, daß sie ihn am liebsten in eiskaltes Wasser getaucht hätte.

Früher, als sie noch klein war, hatte sie sich in solchen Augenblicken, wenn sie sich von den Eltern umzingelt fühlte, wenn sie glaubte, daß tausend vorwurfsvolle oder erwartungsvolle Blicke auf sie gerichtet waren, einfach ins Bett verkrochen und die schöne, weiche Daunendecke über den Kopf gezogen. Dann hatte sie sich zusammengerollt, klein wie ein Maulwurf, und einfach die Luft angehalten. Ganz lange. Eine richtige Mutprobe. Aber jetzt war sie fünfzehn. Jetzt konnte sie nicht mehr Maulwurf spielen und sich verkriechen. Jetzt mußte sie mutig sein.

Sie nahm ihre letzten Kräfte zusammen. Sie sagte ganz laut und ganz klar: „Ich werde ja auch nicht Medizin studieren."

Einen Augenblick war es still. Ihre Eltern starrten sie an, als habe sie eben den Weltuntergang verkündet. Als sei eine riesige Katastrophe über das ganze Land hereingebrochen, etwas wie die Sintflut oder ein Atomkrieg. Statt dessen hatte sie nur gesagt: Ich werde nicht Medizin studieren.

„Sag das noch einmal", murmelte Dr. Ingwersen.

Nike fuhr mit der Zunge über die ausgetrockneten Lippen. „Wieso soll ich es noch mal sagen? Ihr habt es doch genau gehört."

„Aber ich kann nicht glauben, was ich gehört habe", sagte der Vater.

„Weißt du nicht", sagte Hella Ingwersen, „daß es der größte Wunsch deines Vater ist, daß du Ärztin wirst? Was glaubst du, warum dein Vater sich so bemüht, eine große Praxis aufzubauen? Warum er Tag und Nacht schuftet und sich keinen Urlaub und kein Wochenende gönnt?"

O Gott, dachte Nike, wann ist das endlich vorbei? Laut sagte sie: „Ich habe keine Ahnung."

„Für dich!" rief Dr. Ingwersen. „Nur für dich tu ich das alles. Damit du dich nachher, wenn du dein Medzinstudium beendet hast, ins gemachte Nest setzen kannst. Glaubst du, ich will mich umsonst abrackern?

„Ich weiß nicht", antwortete Nike leise.

„Sei nicht so vorlaut", sagte Frau Ingwersen.

Es war eine Situation wie ein Alptraum. Niemals hatte Nike geglaubt, daß ihr so etwas passieren würde. Wie schrecklich! dachte sie. Wie schrecklich…

„Und was möchte die junge Dame statt dessen machen?"

fragte Dr. Ingwersen bissig. „Vielleicht Mannequin werden? Oder Künstlerin? Irgend so einen brotlosen Beruf erlernen, bei dem man nur unglücklich werden kann?"

Jetzt, dachte Nike. Jetzt muß es sein! „Ich will Tänzerin werden", sagte sie. „Balletttänzerin. Mein Traum ist es, Solotänzerin an einer großen Bühne zu werden."

Hella Ingwersen starrte ihre Tochter an. „Ich glaube, ich träume. Tänzerin? Als Beruf, meinst du?"

Nike nickte. Allmählich kam ihr Selbstbewußtsein wieder zurück. Endlich hatte sie den wichtigen Satz gesagt. Endlich! Ein Stein rollte ihr vom Herzen.

„Das soll wohl ein Witz sein", sagte Nikes Vater scharf. „Du weißt genau, daß du für so einen Unsinn niemals unsere Einwilligung bekommen würdest. Tänzerin!"

„Mademoiselle Veronique sagt, daß ich begabt bin. Sie sagt, wenn ich die Möglichkeit hätte, viel zu trainieren, könnte ich es vielleicht bis zur Primaballerina bringen."

„Mademoiselle Veronique hat doch überhaupt keine Ahnung! Sie war mal eine Tänzerin an der Hamburger Oper, na und? Was ist das schon?"

„Mademoiselle Veronique ist eine sehr gute Lehrerin", sagte Nike hitzig. „Und sie hat auch gute Kontakte zu berühmten Ballettschulen."

Hella Ingwersen runzelte die Stirn. „Zu dem Hamburger Ballettdirektor, meinst du?"

Nike nickte eifrig. „Sie hat mir schon einen Termin bei dem Ballettchef besorgt."

„Einen Termin?"

„Ja. Zum Vortanzen. Ich muß vortanzen, und dann entscheidet die Jury, ob ich gut genug bin. Und wenn ich gut genug bin, werde ich ins Ballettinternat aufgenommen."

„Ich glaub, ich brauche jetzt einen Kaffee", sagte Dr. Ingwersen schwach. „Gibt es in diesem Haus auch mal Frühstück?"

„Natürlich. Steht doch alles da!" Nikes Mutter zeigte auf den festlich gedeckten Tisch.

Dr. Ingwersen ließ sich auf seinen Stuhl fallen. „Du glaubst doch nicht im Ernst, daß wir da mitmachen, Nike", sagte er.

„Das sind doch Flausen, Kind", sagte Hella Ingwersen. „Komm, trink erst mal deinen Orangensaft."

Gehorsam trank Nike ihren Orangensaft. „Das sind keine Flausen", sagte sie. „Das weiß ich genau. Tanzen ist das einzige, was mich interessiert."

Nikes Vater schaute sie an, dann warf er einen Blick auf die Uhr. „Wann ist der Termin bei der Klassenlehrerin?" fragte er.

„Um elf", sagte Nikes Mutter.

„Also gut. Wir treffen uns da. Inzwischen kann Nike ihre Freundinnen anrufen und sie wieder ausladen."

Nike wurde kreidebleich. „Was?" flüsterte sie.

„Natürlich. Du glaubst doch nicht im Ernst, daß unter diesen Umständen hier eine fröhliche Geburtstagsparty stattfinden kann! Daß wir alle so tun, als wäre nichts gewesen." Er schüttelte heftig den Kopf. „Nein, nein, liebes Kind. Wir lassen uns nicht zum Narren machen."

Nike schossen Tränen in die Augen. „Aber sie haben sich doch alle so gefreut", rief sie verzweifelt, „und Geschenke für mich gekauft! Und ich habe sie doch extra eingeladen…"

Dr. Ingwersen hob unbeeindruckt die Schultern. „Sag ihnen halt, wie's ist. Sag, daß deine Eltern dir die Geburtstagsparty verboten haben. Und wenn du schon dabei bist, kannst du ihnen auch gleich sagen, daß sie dir in der nächsten Zeit noch mehr verbieten werden. Bis deine schulischen Leistungen sich gebessert haben."

„Noch mehr verbieten?" fragte Nike tonlos. „Auch das Tanzen?" Sie hatte ihre Augen ganz weit aufgerissen und starrte ihren Vater angstvoll an. Sie wagte kaum zu atmen.

„Das Tanzen zuallererst", sagte ihr Vater streng, „denn das ist doch der Kern allen Übels, oder?" Er schenkte sich eine zweite Tasse Kaffee ein und zeigte mit der Hand auf einen Stuhl. „Warum setzt du dich nicht? Du mußt was im Magen haben, wenn du dich konzentrieren willst. Auch das Gehirn braucht Nahrung."

Nike blieb stehen. „Ich hab keinen Hunger", flüsterte sie.

„Und deine Geschenke?" fragte ihre Mutter. „Willst du nicht wenigstens deine Geschenke anschauen?"

Nike spürte, wie ihr die Tränen in die Augen schossen. Sie konnte sich nicht vorstellen, daß irgendein Mädchen jemals so einen traurigen Geburtstag erlebt hatte. Alles war verdorben. Alles.

„In dem großen weißen Karton ist das Geschenk von Oma", sagte Frau Ingwersen. „Das mußt du zuerst aufma-

chen. Bestimmt ruft sie dich gleich an und will wissen, ob du dich freust."

Nike schüttelte den Kopf. Sie konnte vor Tränen kaum etwas erkennen.

„Ich mag nicht", sagte sie matt.

Hella Ingwersen warf ihrer Tochter einen forschenden Blick zu. „Ich mach's für dich auf", sagte sie. Sie nahm den Karton vorsichtig hoch, setzte ihn auf den Couchtisch und begann die rote Schleife aufzuknüpfen.

„Komm, Nike", sagte sie freundlich, „wir schauen es uns zusammen an."

Nike kam mutlos näher. Es war ihr vollkommen egal, was die Großmutter ihr geschenkt hatte. Es war ihr auch genauso gleichgültig, was in den anderen Päckchen war. Sie fühlte sich plötzlich ganz müde. Todmüde. Sie wollte mit niemandem mehr sprechen, niemanden sehen. Sie wollte einfach nur mit ihrem Unglück allein sein in ihrem Zimmer, sich aufs Bett werfen und hemmungslos weinen.

„Es geht mir nicht gut", flüsterte Nike. Aber ihre Mutter hörte gar nicht hin. Mit einer feierlichen Geste nahm sie den Deckel ab. „Hoppla!" rief sie mit gespielter Fröhlichkeit. „Jetzt bin ich aber gespannt!"

Auch Nikes Vater war aufgestanden. Er wischte mit der Serviette gerade die letzten Brotkrümel aus den Mundwinkeln.

Gemeinsam standen sie da und schauten das Geschenk der Großmutter an.

„Eine Torte", murmelte Hella Ingwersen. „Wie schön!" Es

war eine dreistöckige Torte, ganz und gar mit rosa Zucker-
guß überzogen, und oben auf dem höchsten Tortenteil war
aus Marzipan ein hellblaues Kissen geformt, auf diesem hellblauen Marzipankissen lagen zwei zuckergußweiße Balleri-
naschühchen mit langen Bändern, auf denen stand: Für meine süße Arnika!

Nikes Vater räusperte sich verlegen. „Ein schönes Geschenk", sagte er. „Nur leider etwas unpassend."

Nike sagte gar nichts. Sie hätte auch beim besten Willen
keinen Ton herausgebracht. Noch nie hatte sie eine so
kunstvolle Torte gesehen. Bestimmt hatte ihre Oma sie extra
in einer Konditorei machen lassen. Bestimmt hatte sie
schrecklich viel Geld dafür bezahlt – mehr, als sie sich von
der kleinen Rente leisten konnte.

Und wie toll wäre es gewesen, heute abend auf der Party
die Torte hereinzutragen! Nike stellte sich vor, daß man
Wunderkerzen hineinstecken und alle gleichzeitig anzünden
müßte. Sie stellte sich vor, daß alle Lichter im Zimmer ge-
löscht wurden und dann, während die Torte hereingetragen
wurde, jemand das Stevie-Wonder-Band mit dem Happy-
Birthday-Lied auflegte... Plötzlich konnte sie sich nicht
mehr beherrschen. Ein tiefer Schluchzer kam aus ihrer Kehle. „Oma ist so lieb, sie ist immer so lieb", schluchzte sie.
Nikes Eltern warfen sich einen vielsagenden Blick zu. Dann
ging Dr. Ingwersen in sein Arbeitszimmer.

„Ich glaub, ich schau mal nach, ob die Fenster im Schlafzimmer auch alle zu sind", murmelte Nikes Mutter. „Es
sieht nach Schneesturm aus."

Und schon war auch sie weg.

Und Nike stand vor ihrem Geburtstagstisch mit den Kerzen, die nicht brannten, und den Paketen, die alle nicht ausgepackt waren. Sie hob ganz behutsam einen kleinen Zuckerguß-Ballettschuh von der Torte, steckte ihn in den Mund und ließ ihn auf der Zunge zergehen.

Als ihre Oma fünf Minuten später tatsächlich anrief, konnte Nike vor lauter Schluchzen überhaupt nicht sprechen.

„Was ist los, Herzchen?" fragte Oma erschrocken. „Was hast du denn, Kindchen?"

„Ich muß mir erst die Nase putzen, Oma." Nike legte den Hörer neben das Telefon und holte aus der Manteltasche ein Papiertaschentuch. Sie schneuzte sich ausgiebig, und danach fühlte sie sich merkwürdigerweise etwas besser.

„Oma", fragte sie, den Hörer wieder aufnehmend, „bist du noch da?"

„Aber natürlich, mein Herzchen! Ich bin ganz durcheinander. Warum hast du denn eben so geweint?"

„Wegen dieser blöden Schule! Wegen dieser überflüssigen Zensuren. Ich bin so wütend. Wegen dieser blöden Fächer, die mich überhaupt nicht interessieren, ist mein ganzer Geburtstag verpatzt. Und ich hatte mich so gefreut auf die Party heute abend."

„Ja, genau. Deshalb hab ich ja auch gedacht, ich laß dir vom Konditor eine richtig schöne, kitschige, altmodische Geburtstagstorte vorbeibringen. Ich dachte, deine Freundinnen würden sich auch darüber freuen. In dem kleinen blauen

Päckchen ist dann noch ein Geschenk für dich."

Nike schneuzte sich wieder. „Das hab ich noch nicht aufgemacht. Ich muß alle Gäste wieder ausladen, Oma, stell dir das vor!"

„Wer hat das gesagt?"

„Papi. Er ist wütend, weil ich so ein schlechtes Zeugnis kriege. In Mathe, Physik und Chemie mangelhaft. Und weil ich wahrscheinlich sitzenbleibe. Mami und Papi gehen noch heute zur Klassenlehrerin. Ich finde das so total bescheuert, daß ein solcher Brief ausgerechnet dann ankommt, wenn man Geburtstag hat."

„Armes Herzchen", sagte die Großmutter mitfühlend. „Und was passiert nun?"

Nike hob hilflos die Schultern. „Keine Ahnung", sagte sie. „Ich glaube, ich geh einfach in mein Zimmer und heul noch 'ne Runde. Ich ruf dich nachher noch mal an, ja?" Nike legte schnell auf, bevor die nächsten Tränen kamen, und rannte in ihr Zimmer.

Hella Ingwersen hörte, wie die Zimmertür mit einem lauten Knall zuflog.

Sie kam aus dem Schlafzimmer. „Arnika?" rief sie.

Aber Nike antwortete nicht.

Seufzend zog Frau Ingwersen sich den Mantel an, um mit ihrem Mann in die Sprechstunde der Klassenlehrerin zu gehen, die heute stattfand. Sie wollte nicht noch eine Woche verstreichen lassen. Als sie an der offenstehenden Wohnzimmertür vorbeikam, sah sie, daß Nike die Geschenke immer noch nicht ausgepackt hatte.

Sie seufzte. „So ein Jammer", sagte sie. Aber sie sagte es mehr zu sich selbst. Nike jedenfalls konnte sie nicht hören. Sie hatte sich wie früher als kleines Mädchen die Decke bis über die Ohren gezogen, das Wollschäfchen in den Arm genommen und war für niemanden mehr zu sprechen.

Nikes Klassenlehrerin saß auf einem der schmalen Kunstledersessel im Besucherzimmer und musterte Hella und Frank Ingwersen.

„Sie also sind Nikes Eltern", sagte sie. „Schade, daß wir uns ausgerechnet zu einem so unerfreulichen Anlaß kennenlernen. Zu den Elternabenden sind Sie ja nie gekommen."

Dr. Ingwersen räusperte sich verlegen. „Ich habe immer ziemlich lange in der Praxis zu tun; meistens wird es sehr spät."

„Arbeiten Sie auch in der Praxis Ihres Mannes, Frau Ingwersen?" fragte Frau Brühl. Sie war Mitte Vierzig, hatte schulterlange braune Locken und eine Brille, die man zusammenklappen und in einem winzigen Etui verschwinden lassen konnte. Wenn sie jemanden anschaute, blickte sie immer über den Rand der Brille. Ebenso wenn sie las oder etwas an die Tafel schrieb. Niemand wußte genau, wozu die Brille eigentlich gut war. Aber jeder fand, daß Frau Brühl damit besonders lustig aussah. Vielleicht war das der einzige Grund, warum sie immer eine Brille trug.

„Nein, ich bin Hausfrau", sagte Hella Ingwersen.

„Also hätten Sie doch im Grunde Zeit gehabt, die Elternabende zu besuchen."

„Schon", murmelte Hella. Sie warf einen hilflosen Blick zu ihrem Mann hinüber. „Aber wir nahmen an, daß Arnika keine Schwierigkeiten in der Schule hatte. Denn bis jetzt hat sie immer recht gute Zeugnisse nach Hause gebracht."

„Wir wußten ja nicht, daß unsere Tochter in der letzten Zeit so nachgelassen hat", sagte Dr. Ingwersen.

Die Lehrerin lächelte kühl. „Wenn Sie mich einmal aufgesucht hätten, dann hätten Sie es schon erfahren. Ich habe mich schon gewundert, warum Sie sich gar nicht um Ihre Tochter kümmern."

„Aber wir kümmern uns sehr! Wir lieben unsere Tochter!" rief Hella Ingwersen, die glaubte, sich verteidigen zu müssen.

„Sie ist eigentlich immer sehr offen uns gegenüber", sagte Nikes Vater. „Wir hätten nie gedacht, daß sie uns etwas verheimlicht."

„Hat Sie Ihnen die letzten Klassenarbeiten nicht gezeigt?"

Hella Ingwersen schüttelte den Kopf. „Nein, deshalb waren wir ja so überrascht, als heute morgen der Brief kam."

„Heute ist Nikes Geburtstag", fügte Dr. Ingwersen hinzu. „Der Brief kam genau, als wir mit dem Geburtstagsfrühstück beginnen wollten."

„Oh", sagte die Lehrerin, „das tut mir leid."

„Ja, uns auch." Hella Ingwersen schaute die Lehrerin an. „Sie haben uns einen schönen Tag verdorben, das muß ich leider sagen."

Frau Brühl lächelte. „Aber das läßt sich doch noch behe-

33

ben, nicht wahr? Es ist doch noch nicht aller Tage Abend! Es tut mir leid. Wir schicken alle Briefe gleichzeitig an die Eltern ab. Wir können da nicht erst auf die Geburtsdaten der Schüler schauen. Und es ist ja auch wichtig, daß Sie informiert sind, bevor die Zeugnisse kommen. Ich fürchte, wir können Arnika nicht in die zehnte Klasse versetzen, wenn sie sich nicht beachtlich bessert."

Dr. Ingwersen wurde blaß. „Heißt das, meine Tochter würde sonst sitzenbleiben?"

„Ich fürchte, ja."

„Um Gottes willen." Dr. Ingwersen suchte in seinen Hosentaschen nach dem Zigarettenpäckchen. „Ich habe gar nicht gewußt, daß es so schlimm ist. Erlauben Sie?"

„Nicht sehr gerne", sagte die Lehrerin. „Aber ich sehe ein, daß Sie jetzt wohl eine Zigarette brauchen."

„In der Tat", murmelte Dr. Ingwersen, „in der Tat. Sie meinen also, es gibt überhaupt keine Hoffnung?"

Frau Brühl lehnte sich in den Sessel zurück. „Eine Chance hat sie natürlich noch. Manche Schüler holen oft sehr rasch auf, wenn sie sehen, daß sie sonst sitzenbleiben. Und Nike könnte den Stoff leicht nachlernen, wenn sie wirklich wollte. Gar keine Frage. Sie ist ja ein gescheites Mädchen; sie hat eine schnelle Auffassungsgabe. Wenn sie wollte, könnte sie bald wieder zum guten Durchschnitt der Klasse gehören."

Nikes Mutter machte ein verzagtes Gesicht. „Ich weiß schon, sie interessiert sich nicht genug in der letzten Zeit."

„Die Schule macht ihr keinen Spaß mehr", sagte die Lehrerin. „Das ist schlimm. Man merkt es ihr auch an. Sie träumt immerzu vor sich hin, und wenn man sie aufruft, weiß sie überhaupt nicht, worüber wir geredet haben. Das geht natürlich nicht. Das bedeutet immer eine schlechte mündliche Note."

Nikes Vater nickte. „Das dachte ich mir", sagte er düster. „Immer nur diese Tanzerei. Immer diese Flausen im Kopf."

„Und dabei möchten mein Mann und ich so gerne, daß sie einmal Medizin studiert", fügte Frau Ingwersen hinzu.

„Medizin?" Frau Brühl zog die Augenbrauen hoch. „Warum gerade Medizin?"

„Nun, weil ich eine schöne Praxis habe, und weil wir glauben, daß auch für Arnika der Arztberuf das Richtige wäre."

„Ich finde ja nach wie vor, daß sie Kinderärztin werden sollte. Arnika kann so wunderbar mit kleinen Kindern umgehen. Sie ist so liebevoll, so zärtlich. Und sie hat so viel Geduld."

Die Lehrerin schaute die Eltern an. „Ja", sagte sie, „das kann ich bestätigen. Aber das hilft nichts. Wir können nur ihre Leistungen bemessen. Und die sind denkbar schlecht. Arnika ist jetzt unter den Schlechtesten in ihrer Klasse."

„Unter den Schlechtesten?" riefen Nikes Eltern wie aus einem Mund.

„Ja. Leider. Sie muß sich jetzt wirklich gewaltig anstrengen."

Nikes Vater stand auf, reichte der Lehrerin die Hand und sagte entschlossen: „Ich verbürge mich dafür, Frau Brühl. Ich sage Ihnen heute an dieser Stelle, daß meine Tochter in den kommenden vier Monaten jede freie Minute lernen wird. Ich persönlich werde dafür sorgen, daß meine Tochter von nichts und niemandem abgelenkt wird."

Die Lehrerin lächelte. „Das hört sich schön an. Aber ob das auch durchführbar ist?"

„Das werden Sie sehen! Als allererstes werden ihre Ballettsachen weggeschlossen. Kein Tanzen, kein Training bis zum nächsten Zeugnis. Keine Musik, keine Freundinnen. Meine Tochter wird jetzt erfahren, was es heißt zu lernen."

Frau Brühl lächelte versöhnlich. „Seien Sie nicht zu streng."

Nikes Mutter machte ein unglückliches Gesicht. Sie schaute ihren Mann flehend an. „Wenn du ihr das Tanzen verbietest, Frank, dann machst du sie todunglücklich." Sie seufzte und sagte, an die Lehrerin gewandt: „Tanzen, das ist nämlich ihr ein und alles."

Die Lehrerin nickte. Sie dachte darüber nach, wie oft sie schon solche und ähnliche Gespräche mit den Eltern ihrer Schüler geführt hatte. „Aber jetzt ist doch erst einmal die Schule wichtig. Ohne einen guten Schulabschluß hat man heute sehr wenig Chancen. Sagen Sie Ihrer Tochter, sie darf wieder tanzen, sobald sich ihre Zensuren gebessert haben. Das muß doch ein Anreiz für sie sein!"

Nikes Mutter schüttelte unschlüssig den Kopf. „Ich weiß nicht", sagte sie. „Ich weiß wirklich nicht. Das Mädchen machte heute einen so unglücklichen Eindruck."

Dr. Ingwersen lächelte bitter. „Unglücklich sind wir alle mal im Leben. Das gehört dazu."

Die Klassenlehrerin nickte zustimmend.

Als sie das Besuchszimmer verließen, sagte Nikes Vater: „Sie wird es einsehen. Sie ist ja ein kluges Mädchen. Sie wird verstehen, daß es nur zu ihrem Besten ist. Wir wollen doch wirklich immer nur ihr Bestes."

Hella nickte bekümmert. „Ja, das ist wahr. Aber woher wissen wir so genau, was zu ihrem Besten ist?"

Nike hatte sich noch nie so erbärmlich gefühlt wie in der Stunde, als sie die Gäste zu ihrer Geburtstagsparty wieder ausladen mußte.

„Aber wieso denn, Nike?" fragte Julia – seit einem Jahr ihre beste Freundin – vollkommen fassungslos. „Ich sitze schon auf Bergen von Nudelsalat, die ich heute abend mitbringen wollte."

„Frier ihn ein", sagte Nike. „Irgendwann gibt es ja bestimmt mal wieder eine Party."

„Glaubst du, man kann so was einfrieren? Da ist doch Mayonnaise drin! Und was soll ich meiner Mutter sagen? Die hat alles eingekauft und mir geholfen und..." Julia war den Tränen nahe. Immerhin hatte sie sich schon eine ganze Woche auf diese Party gefreut. Endlich würde sie Oliver wiedersehen – zum ersten Mal seit dem Sonntag, als sie gemeinsam ins Kino gegangen waren!

„Weiß Oliver es schon?" fragte Julia.

Nike schüttelte den Kopf. „Ich hab dich zuerst angerufen. Ich dachte, vielleicht kannst du es Oliver sagen. Ich trau mich einfach nicht. Ich komm mir so blöd vor. Gerade bei Oliver, der überhaupt nicht verstehen kann, daß Eltern so sind."

„Oliver hat es gut", sagte Julia. „Der darf einfach alles."

„Aber er ist ja auch so super in der Schule. Wenn ich eine Eins in Mathe hätte, würde ich auch nicht in diesem Schlamassel stecken. Ich muß jetzt Ulla anrufen. Wir sehen uns ja nachher in der Schule."

Nike legte auf und wählte sofort Ullas Nummer. Ulla war ihre Freundin seit der Kindergartenzeit. Sie wohnte zwei Häuser weiter und besuchte die Realschule. Aber obwohl sie ganz verschiedene Unterrichtszeiten hatten und auch einen anderen Freundeskreis, waren die beiden immer noch ein Herz und eine Seele.

„Ulla", sagte Nike, „ich bin total fertig! Diese blöde Schule hat mir einen Strich durch die Rechnung gemacht. Kannst du dir vorstellen, daß sie mir heute einen blauen Brief geschickt haben? Ausgerechnet heute?"

„Erst mal herzlichen Glückwunsch", sagte Ulla fröhlich. „Ich beneide dich total. Wenn ich erst mal fünfzehn bin, Mann, fünfzehn! Das klingt doch richtig nach was."

„Das hab ich gestern abend auch noch gedacht. Alles Quatsch. Mit fünfzehn steckst du in dem gleichen Schlamassel, in dem du mit vierzehn gesteckt hast. Und wenn du sechzehn bist, ist es bestimmt noch genauso."

„Nike! Du bist ja in einer richtigen Horrorstimmung."

„Weltuntergang." Nike nickte düster. „Meine Eltern sind gerade in der Schule. Da wird das Todesurteil über mich gefällt."

„Was denn für ein Todesurteil?"

„Ach... was weiß ich. Irgend etwas Furchtbares bestimmt.

Ich krieg in Mathe, in Physik und in Chemie eine Fünf. Das heißt, ich bleibe sitzen. Du kannst dir vorstellen, wie meine Eltern reagiert haben."

„O Mist! Dein Vater muß ja ausgerastet sein. Der hat doch diese aberwitzige Idee, daß du in der Schule eine absolute Leuchte sein müßtest, eine richtige Intelligenzbestie."

„Er sieht mich im Geiste schon im Arztkittel in seiner Praxis herumschleichen. Es ist zum Heulen… Ulla, die Party heute fällt aus."

„Waaas?" kreischte Ulla. „Das kannst du doch nicht machen! Ich hab mir extra einen neuen Rock gekauft! Total süß – roter Taft! Genau so einen, wie wir neulich in der *Jenny-Boutique* gesehen haben. Nur halb so teuer."

„Freut mich für dich, Ulla. Aber den mußt du für eine andere Party aufbewahren. Meine Eltern haben die Fete abgesagt."

Einen Augenblick war es still. Nike fühlte förmlich, wie Ulla wehmütig an den roten Taftrock dachte und den Auftritt, den sie sich für den Abend ausgemalt hatte.

„Wegen der Scheißschule?" fragte Ulla.

„Haargenau. Wegen der Scheißschule."

„Ich hab ja immer gesagt, komm mit mir auf die Realschule. Im Gymnasium muß man all den Quatsch pauken, den man im Leben doch nie braucht."

Nike seufzte. „Du weißt doch, was ich eigentlich will."

„Klar, das Ballettinternat. Wie haben deine Eltern denn darauf reagiert?"

„Mein Vater ist hochgegangen wie eine Rakete. Ich hätte

genausogut sagen können, ich gehe nach Afrika und werde Medizinmann."

„Medizinfrau, wenn schon", sagte Ulla. „Und deine Mutter?"

„Weißt du doch. Die hat immer gleich Tränen in den Augen und ist vollkommen durcheinander. Sie hat nur Angst, daß Papi wütend wird und unsere schöne heile Familie einen Knacks bekommt. Sie hilft mir nie, auch wenn sie weiß, daß ich recht habe."

„Komm, das stimmt nicht. Sie hat dir oft genug aus der Patsche geholfen, wenn du abends mal zu spät nach Hause gekommen bist. Und was das Ballett betrifft, da war sie immer auf deiner Seite. Sie weiß doch genau, wie wichtig das für dich ist."

„Ja schon. Aber im entscheidenden Augenblick kneift sie. Das hab ich ja jetzt gemerkt. Da ist sie total auf der Seite meines Vaters."

„Arme Nike", sagte Ulla mitfühlend. „Du bist ganz schön blöd dran. Soll ich heute am späten Nachmittag trotzdem mal rüberkommen?"

Nike holte tief Luft. „Lieber nicht", sagte sie. „Ich glaub, ich möchte heute überhaupt niemanden sehen. Außerdem ist es für dich nicht lustig, mit so einem Trauerkloß wie mir zusammenzusein."

Ulla lachte. „Ich finde dich auch als Trauerkloß süß, das weißt du doch."

„Danke, Ulla. Du bist ein Schatz." Nike fühlte sich ein bißchen getröstet. Aber nun mußte sie noch Claudia, Rosel und Stephan anrufen, alles Leute, die sie lange nicht so gut kannte wie Ulla und Julia. Die würden bestimmt kein Verständnis für ihre Situation haben.

Was soll's, dachte Nike, ich muß da durch. Und sie wählte die nächste Nummer.

Später hatte Nike gar keine Erinnerung mehr daran, wie sie die drei Schulstunden an diesem Tag hinter sich gebracht hatte. Glücklicherweise hatte sie aber keiner der Lehrer aufgefordert. Wahrscheinlich hatten sie rechtzeitig gemerkt, daß von ihr keine anständige Antwort auf irgendeine Frage zu erwarten war.

In der letzten Stunde hatten sie Mathe bei der Klassenlehrerin. Frau Brühl stellte sich, während die Schüler die Aufgaben in ihr Heft notierten, neben Nike, legte leicht die Hand auf ihren Arm und sagte: „Ich würde gerne nachher zwei Worte mir dir reden."

Nike hob nicht den Kopf. Die blonden Haare fielen ihr wie ein Vorhang vor das Gesicht. „Ist gut", murmelte sie.

Als Nike nach der letzten Stunde mit ihrer Schulmappe auf den Flur trat, wartete die Lehrerin schon. Sie lächelte Nike aufmunternd an. „Kopf hoch, Arnika", sagte sie. „Es wird schon wieder. Übrigens, herzlichen Glückwunsch zum Geburtstag!"

Nike nickte, aber ein Dank kam ihr nicht über die Lippen.

„Tut mir leid, daß der Brief ausgerechnet heute bei euch angekommen ist."

„Mir auch", murmelte Nike.

„Deine Eltern waren vorhin bei mir."

„Ich weiß."

„Und willst du nicht wissen, was wir besprochen haben? Ich dachte, es wäre fair, wenn ich es dir sagen würde. Wir müssen ja nicht mehr Katz und Maus spielen wie bei den Schülern der Unterstufe."

Nike hob die Schultern. Sie schwieg. Sie war in einem Zustand, wo ihr allmählich alles gleichgültig wurde. Sie rechnete sowieso schon mit dem Schlimmsten. Es spielte also eigentlich gar keine Rolle, was die Brühl ihr zu sagen hatte.

„Ich habe deinen Eltern reinen Wein eingeschenkt. Ich habe gesagt, daß wir dich nicht in die Zehnte versetzen können, wenn sich deine Leistungen nicht wenigstens in zwei der drei naturwissenschaftlichen Fächer entscheidend bessern."

„Mathe kapier ich einfach nicht, und Chemie und Physik schon gar nicht", antwortete Nike. Sie strich sich die Haare aus dem Gesicht und schaute der Lehrerin zum ersten Mal in die Augen. „Es langweilt mich einfach. Ich kann nichts dafür."

„Aber Arnika! Natürlich kannst du etwas dafür. Du sperrst dich gegen diese Themen, das ist es. Du gehst schon mit dem Gefühl in den Unterricht, daß du dich sowieso langweilst."

„Ich kapier es eben auch nicht."

„Arnika, nun hör mal zu." Frau Brühl nahm ihre Brille ab. Nike schaute wieder einmal interessiert zu, wie sie die Brille mit der dünnen goldenen Fassung zu einem winzigen Päckchen zusammenlegte. „Du bist ein gescheites Mädchen, das weißt du doch."

Nike hob gleichmütig die Schultern.

„Natürlich weißt du es", sagte die Lehrerin. „Als ich vor zwei Jahren eure Klasse übernahm, bist du mir sofort aufgefallen. Du hattest so etwas Waches in deinem Blick, so etwas Intelligentes. Du warst neugierig. Neugierig auf das Leben. Das hat mir gefallen."

Nike zuckte mit den Achseln. „Tut mir leid, daß ich Sie enttäuscht habe."

„Mir auch, Arnika. Mir auch. Manchmal denke ich, du hast immer noch nicht begriffen, wie wichtig die Schule für das spätere Leben ist, du denkst immer noch, du mußt für uns lernen. Dabei gibt es diesen alten lateinischen Spruch: Non scolae, sed vitae discimus."

„Ich kann kein Latein", sagte Nike trotzig. Das Gespräch ging ihr auf die Nerven. Sie fragte sich, wann die Brühl endlich damit aufhören würde.

„Du kannst es schaffen, Arnika", sagte die Lehrerin eindringlich. „Ich bin ganz sicher. Wenn du dich jetzt ein paar Monate lang auf den Hosenboden setzt, kann es klappen. Du willst doch nicht im Ernst die Klasse wiederholen, oder?"

Nike schaute die Lehrerin an. „Ich will überhaupt nicht auf dieser Schule bleiben."

Verblüfft schwieg die Lehrerin. Dann fragte sie: „Und was willst du statt dessen machen?"

„Auf ein Ballettinternat gehen. Ich will tanzen. Und nicht Mathe und Physik und Geographie und all den Mist lernen."

„Aber das, was du Mist nennst, ist sehr wichtig, Arnika."

„Für mich nicht. Für mich ist es bloß totaler Streß. Ich krieg Bauchschmerzen, wenn ich Schularbeiten mache. Mir wird ganz einfach schlecht, wenn ich stundenlang über irgendwelchen Aufgaben brüte, die mich nicht interessieren und die ich sowieso nicht lösen kann. Das macht mich total fertig. Ich kann nicht mehr, wirklich! Sagen Sie das ruhig meinen Eltern."

Die Lehrerin schwieg eine Weile. Traurig sah sie Arnika an. Dann legte sie ihr den Arm um die Schultern und sagte sanft: „Ich habe deinen Eltern etwas anderes geraten, Arnika. Das heißt, dein Vater ist von selber darauf gekommen, und ich habe ihn dabei unterstützt. Ich glaube, daß es eine wirklich gute Idee ist."

„Und was ist das für eine Idee?" fragte Nike alarmiert.

„Daß du für eine Weile das Tanzen aufgibst und dich nur noch auf die Schule konzentrierst."

Nike starrte die Lehrerin an. Sie glaubte, daß sie jeden Augenblick den Verstand verlieren würde. Es war ihr, als rutsche der Boden unter ihren Füßen weg, als stünde sie auf einmal an einem steilen Abhang und als glitte alles, die lehmige Erde, die Grasbüschel, die Felsbrocken um sie herum, mit ihr in die Tiefe. In ein schwarzes riesiges Loch.

„Aufhören zu tanzen?" flüsterte sie.

„Ja, Arnika. Es ist die einzige Lösung. Du träumst zuviel. Ich sehe es doch. Während des Unterrichts denkst du immerzu ans Tanzen, an die Musik. Ich kann in deinen Augen manchmal lesen, was du denkst. Nie bist du wirklich ganz bei der Sache. Deshalb auch die vielen überflüssigen Flüchtigkeitsfehler in deinen Arbeiten in Englisch und Französisch. Dabei fallen dir die Sprachen leichter als vielen deiner Mitschüler. Und bedenke, wie gut du einmal in Deutsch und in Geschichte warst!"

Nike legte die Hände vor das Gesicht. Sie wollte nicht, daß die Lehrerin ihre Tränen sah.

„Wie lange?" flüsterte sie.

„Wie lange was?"

„Wie lange darf ich nicht tanzen?"

„Ich weiß nicht. Drei Monate, vier Monate, ein halbes Jahr..." Nike stöhnte auf. Aber die Lehrerin sprach unbeirrt weiter. „Ich denke, es hängt ganz davon ab, wie schnell sich deine Leistungen in der Schule bessern. Es liegt wirklich nur an dir, Arnika."

Nike nahm die Hände vom Gesicht. Tränen zitterten in ihren Wimpern. „Und ich dachte, Sie würden mir wirklich helfen", sagte sie leise, drehte sich um und flüchtete den Gang hinunter.

Die Lehrerin schaute ihr hinterher. Nie zuvor war ihr aufgefallen, wie leichtfüßig Nike war, wie graziös jede ihrer Bewegungen wirkte, wie der dünne Rock beim Laufen um ihre Beine schwang, wie schön sie den Kopf hielt, wie lang und schmal ihr Hals war. „Wirklich", murmelte die Lehrerin verblüfft, „sie bewegt sich wie eine richtige Tänzerin. Wie eine Ballerina." Und es fiel ihr auf einmal ein, daß sie, als sie noch ein Kind war, auch davon geträumt hatte, auf weißen Spitzenschuhen aus Satin und in einem Tüllröckchen leichtfüßig über eine Bühne zu wirbeln.

Bei dem Gedanken mußte sie unwillkürlich lächeln. Aber als sie das Lehrerzimmer betrat und ein Kollege sich sofort mit einem Wortschwall auf sie stürzte, hatte sie es schon wieder vergessen.

An diesem Nachmittag, an Nikes fünfzehntem Geburtstag, geschah etwas, das Nike sich nicht einmal im Traum hätte vorstellen können.

Schluchzend hielt sie später die Szene in ihrem Tagebuch fest:

> Papi kam in mein Zimmer – er tat ganz freundlich. Er setzte sich auf mein Bett und sagte, ich sollte mich zu ihm setzen. Dann legte er den Arm um meine Schulter und begann mit einer endlos langen Erklärung, von der ich nur eines begriff: Er verbietet mir das Tanzen. Und er hat auch schon mit Mademoiselle Veronique telefoniert und ihr alles erklärt. Sie sei wirklich ganz besonders nett gewesen. Sie habe Verständnis für die Situation.
>
> „Was für eine Situation?" hab ich Papa gefragt.
>
> „Nun, daß die Schule immer an erster Stelle ist. Solange du in der Schule gute Noten bekamst, habe ich nichts dagegen gehabt, daß du die Nachmittage im Ballettsaal verbracht hast. Aber jetzt sieht es anders aus. Deine Versetzung ist gefährdet, Arnika!"
>
> Papa hat tatsächlich Arnika gesagt! Ich kann mich

46

nicht erinnern, wann das zum letzten Mal passiert ist. Daran kann man ungefähr sehen, wie schlimm er das alles findet. Mein Gott, als wenn von Mathe und Physik die Seligkeit abhinge! Meine Seligkeit ganz bestimmt nicht. Wenn ich einmal Kinder habe, werde ich sie bestimmt nicht in so einen blöden Leistungsstreß bringen. Ganz sicher nicht!

Dann fuhr Papa fort: „Und was soll der Unsinn mit dem Ballettinternat? Das kann doch nicht wahr sein, daß du allen Ernstes geglaubt hast, wir würden dir das erlauben!"

Wie soll man seinem Vater etwas erklären, das er gar nicht begreifen will? Daß mir Tanzen viel, viel wichtiger ist als alles auf der Welt. Und daß ich dafür jeden Streß und jede Anstrengung auf mich nehmen würde – ganz freiwillig.

Papa hat lange mit meiner Tanzlehrerin gesprochen. Sie hat ihm erzählt, daß ich zum Vortanzen eingeladen war. „Wie konntest du so etwas hinter unserem Rükken planen!" hat Papa mir vorgeworfen.

„Das sollte nicht hinter eurem Rücken sein", hab ich geantwortet. „Ich wollte euch doch damit überraschen!"

Papa stand plötzlich auf, betrachtete das tolle Plakat von Marcia Haydee über meinem Schreibtisch, das Plakat, das in den Ballettwochen herausgekommen ist, auf dem die berühmte Ballerina den ‚sterbenden Schwan' tanzt. Dann sagte er: „Also, das Bild bringt

47

dich natürlich auf dumme Gedanken. Ich sehe doch meine Tochter, wie sie von den Schularbeiten aufschaut und diese Ballerina sieht und träumt. Aber wer träumt, kann sich nicht auf die Schularbeiten konzentrieren. Ich denke, wir werden dieses Plakat für eine Weile von der Wand nehmen." Und dann hat er tatsächlich – sehr vorsichtig, muß ich allerdings sagen, ohne das Bild einzureißen – die Heftzwecken rausgezogen und das Bild zusammengerollt. Ich hab bloß auf den weißen Fleck an der Wand gestarrt und nichts gesagt. Selbst wenn ich gewollt hätte – es wären in diesem Augenblick keine Tränen gekommen. In meinem Kopf die vollkommene Leere. Ich dachte, so ist es, wenn man stirbt.

Und dann hat mein Vater meine Ballettsachen zusammengeräumt. Ich hab mich gewundert, wie er das Zeug alles gefunden hat, die Gymnastikanzüge, die Legwarmer, die Mami mir gestrickt hat, die Gymnastikschuhe, die Spitzenschuhe und das Tutu-Röckchen vom letzten Fasching, alles, alles! Und mit diesem Berg Klamotten auf dem Arm ist er dann gegangen... Das war also mein fünfzehnter Geburtstag. Ich bin so unglücklich, daß ich nicht einmal mehr über mich selber weinen kann. Ich verkrieche mich einfach in mein Bett.

Die nächsten Tage verbrachte Nike in einer Art Dämmerzustand. In der Schule verschwamm alles zu einem dicken, undurchdringlichen Nebel, aus dem sie manchmal die Worte der Lehrer heraushörte. Und es gab Augenblicke, wo jemand ihren Namen rief, und dann schreckte sie hoch und bekam einen heißen Kopf und begann irgend etwas Unzusammenhängendes zu stottern.

Die Klassenlehrerin wollte offenbar besonders nett und hilfsbereit sein. Sie rief Nike jedesmal nach der Stunde zu sich und gab ihr Ratschläge, wie sie das Pensum am besten noch einmal durchbüffeln könnte. Sie hatte sich zu Hause sogar Notizen gemacht, die sie Nike gab. Und Nike nickte, sagte brav „vielen Dank", steckte die Zettel in ihr Mathebuch und vergaß sie im gleichen Augenblick.

Mittags rührte Nike das Essen nicht an, obwohl ihre Mutter, besorgt über ihr blasses Aussehen, nur noch ihre Lieblingsspeisen kochte. Einen Mittag gab es Wiener Schnitzel mit Pommes frites, am nächsten Tag Milchreis mit Zucker und Zimt, dann gefüllte Paprika, Spaghetti mit Sahnesoße und Schinken – aber Nike hockte immer nur zusammengesunken vor ihrem Teller und stocherte lustlos im Essen herum. Anschließend ging sie in ihr Zimmer, packte die Schulbücher und Hefte aus, spitzte Bleistifte, füllte die Tinte für den Schulfüller nach, zog mit dem Lineal neue Linien ins Heft und stützte dann den Kopf auf und versuchte zu verstehen, was in den Büchern stand.

Aber ihre Augen weigerten sich, die Zahlen zu lesen, und ihr Gehirn weigerte sich, die Zusammenhänge zu begreifen. Wieder und wieder verrechnete sie sich, strich alles durch, begann von neuem, riß das Blatt aus dem Ringbuch, zer-

knüllte es, warf es auf den Boden, hob es wieder auf, strich es glatt und versuchte herauszufinden, wo sich ein Fehler eingeschlichen hatte.

Nach drei Stunden hatte sie Kopfschmerzen und eiskalte Füße. Dann warf sie sich auf das Bett, legte die Kassette mit dem Rondo von Mozart ein, dem Stück, nach dem sie einmal Tanzschritte und Kombinationen geübt hatten, die ihr besonders gut gefielen. Sie starrte mit leeren Augen an die Zimmerdecke. Wenn ihre Mutter irgendwann hereinkam und sie fragte, ob sie mit ihr eine Tasse Tee trinken wollte, hörte Nike es meist gar nicht. Hella Ingwersen mußte Nike immer erst rütteln, bevor sie reagierte.

„Kind, Kind", sagte Nikes Mutter dann bekümmert, „du machst mir wirklich Sorgen."

Nike hob dann nur gleichmütig die Schultern. Und der zweite Satz, den die Mutter sagte, war immer: „Aber eines Tages wirst du deinem Vater dafür dankbar sein, daß er so konsequent war."

Nike lächelte bitter und schwieg.

„Denn man kann nicht jeder Grille nachgeben, die ein Mädchen so im Kopf hat", sagte die Mutter. „Das ist ganz unmöglich. Eltern müssen auch streng sein."

Nike drehte den Kopf zur Seite und schaute ihre Mutter an. Sie sagte nichts. Und das war es, was Hella Ingwersen so besonders deprimierend fand, daß Nike immerzu schwieg.

„Wir wollen doch nur dein Bestes", sagte sie dann leise und strich Nike die Haare aus der Stirn. „Wir lieben dich doch, du kleines, dummes Mädchen."

Aber es fiel Nike in diesen Tagen sehr schwer, das zu glauben.

Wenn die Kassette abgelaufen war, seufzte sie tief, erhob sich mit müden, schweren Bewegungen von ihrem Bett und ging an den Schreibtisch zu den Matheaufgaben zurück. Manchmal hatte sie Glück. Manchmal erkannte sie auf Anhieb, welchen Gedankenfehler sie beim Rechnen immer gemacht hatte. Das war dann ein Glücksfall. Und Nike fühlte sich ein kleines bißchen besser.

An einem dieser endlosen Schularbeiten-Nachmittage hielt Nike es einfach nicht mehr aus. Ihre Mutter war beim Zahnarzt, und ihr Vater hatte bereits den üblichen Kontrollanruf erledigt. Es war immer der gleiche Dialog: „Hallo, Nike, lernst du schön?" – „Ja, Papi." – „Das ist fein. Und kommst du auch gut voran?" – „Ich weiß nicht." – „Na, es wird schon klappen. Fleiß wird immer belohnt, das weißt du doch. Oder, wie mein Großvater immer sagte, ohne Fleiß kein Preis. Also, Kopf hoch, Mädchen. Ich bin stolz auf dich."

Nike konnte diese Anrufe kaum noch ertragen. Sie gab sich Mühe, freundlich zu sein, aber diese Freundlichkeit war so anstrengend, daß sie sich nachher immer vollkommen erschöpft fühlte.

An diesem Nachmittag, als es so unglaublich still in der Wohnung war, daß sie von ihrem Zimmer aus sogar das Ticken der Küchenuhr hören konnte, hatte Nike plötzlich das Gefühl zu ersticken, wenn sie noch eine einzige Minute länger über den Büchern hocken würde.

Sie ging ins Badezimmer und starrte ihr Spiegelbild an. „Siehst ziemlich blaß aus, Nike", sagte sie zu sich selbst. „Ich an deiner Stelle würde mal ein bißchen an die frische Luft gehen."

Sie bürstete ihre Haare, erst nach vorn und dann wieder aus der Stirn zurück, nahm eines der Samtbänder – ein schwarzes selbstverständlich, weil Schwarz die Farbe der Trauer ist – und band die Haare zu einem Pferdeschwanz zusammen. Dann schaute sie sich wieder im Spiegel an. „Es stimmt, was Mutter sagt", murmelte sie, „du bist dünn geworden, hast ein Gesicht wie eine Spitzmaus, einfach abscheulich." Nike zog eine Grimasse und fand endgültig, daß sie das häßlichste Mädchen von ganz Lübeck war. Nike nahm eine Pinzette und hockte sich vor den Make-up-Spiegel ihrer Mutter. Sorgfältig zog sie die überflüssigen dunklen Augenbrauenhärchen heraus, dann behandelte sie hingebungsvoll den einzigen kleinen Pickel an ihrem Kinn. Sie putzte sich ausgiebig die Zähne, als würden sie davon noch weißer, und bestäubte ihr Gesicht mit der herrlich dicken Puderquaste, die sie ihrer Mutter zu Weihnachten geschenkt hatte. Sie nahm einen Fettstift und zog die Lippen nach. Dann besah sie sich wieder im Spiegel. „Du siehst immer noch gräßlich aus, Nike", lautete das Urteil. „Bleich wie ein Quarkkuchen." Mit dem Rouge ihrer Mutter machte sie sich die Wangen rot. „Schon besser", sagte sie, nachdem sie sich wieder ausgiebig im Spiegel betrachtet hatte. „Aber ein bißchen frische Luft wäre bestimmt nicht schlecht für dich."

Sie ging zum Telefon und wählte Julias Nummer. Aber

Julia hatte sich mit Oliver verabredet und war nicht da. Angeblich waren die beiden in die Stadtbücherei gegangen, um sich irgendwelche Bücher auszuleihen. Nike bezweifelte das.

Sie rief bei Ulla an. Ulla war auch nicht da. Sie war bei einer Klassenkameradin, um mit ihr für die Englisch-Arbeit zu lernen, erklärte ihr Ullas Mutter. „Und du, mußt du heute etwa nicht lernen? Ulla hat mir erzählt, was du für Probleme hast."

„Ich habe keine Probleme", sagte Nike, „aber meine Eltern. Sie wollen, daß ich so schlau werde wie Einstein."

Ullas Mutter lachte gutmütig. „Ich dachte, es geht darum, daß du die Klasse nicht wiederholen mußt."

„So kann man es auch nennen", sagte Nike. „Wann kommt Ulla denn zurück?"

Aber das wußte Ullas Mutter nicht. Wahrscheinlich würde sie bei der Freundin noch zu Abend essen und sich mit ihr zusammen die neue Folge ihrer Lieblings-Serie im Fernsehen anschauen.

„Langweilst du dich?" fragte Ullas Mutter mitfühlend. „Es tut mir wirklich leid, daß du nicht mehr zum Ballett gehen darfst."

Nike wollte auf dieses Thema nicht eingehen. Ihre Stimmung war sowieso schon wieder auf dem Nullpunkt angelangt. So suchte sie rasch nach einer Ausrede, um das Telefonat zu beenden.

Sie ging in die Küche, holte sich ein Glas Milch und einen Apfel und ging damit ins Wohnzimmer. Eine Weile trödelte sie herum, blätterte in den Illustrierten, die auf dem Tisch la-

gen, sah sich die Bücher an, die ihre Mutter aus der Bibliothek geholt hatte, und zog lustlos ein paar Schallplatten aus
dem Regal. Erst als sie Peter Tschaikowskys *Dornröschen* in
der Hand hielt, begann sie zu lächeln.

Dornröschen gehörte zu ihrer Lieblingsmusik. So viele
Nachmittage hatte Mademoiselle Veronique mit ihr nach
dieser Musik geprobt. Das Rosen-Adagio, das die Prinzessin
Aurora am Tag ihrer Volljährigkeit tanzt. Sie hatte dafür
schwierige Schritte lernen müssen, und manchmal war sie
vor Verzweiflung in Tränen ausgebrochen, besonders bei
den Pirouetten, die aus der vierten Position gedreht werden
mußten. Obwohl Mademoiselle Veronique immer wieder
behauptete, daß die vierte Position ideal zum Trainieren der
Pirouette war, konnte Nike es nicht glauben. Es wollte und
wollte ihr nicht gelingen, ihren Schwerpunkt, also ihr
Gleichgewichtszentrum, zu finden. Das wichtigste war, den
Körper so starr zu halten, als bestünde er vom Hals bis zum
Steißbein aus einer unbeweglichen Achse. Dabei muß der
Kopf sich aber schneller drehen als der übrige Körper, weil
vom Kopf der Impuls für die Drehung kommen mußte...
Eine höchst komplizierte Geschichte.

Behutsam nahm Nike die Platte aus der Hülle und legte
sie auf. Sie wartete, bis die ersten Takte erklangen, dann
drehte sie die Musik lauter, schob die Sessel zur Seite und
begann mit geschlossenen Augen zu tanzen. Zuerst die
Grundpositionen. Nichts übereilen. Sie spürte, wie steif ihre
Gelenke waren, wie müde ihre Muskeln schon reagierten,
obwohl sie erst seit zwei Wochen das Training versäumte.

Dann die Pliés, Demi-Pliés und Grand-Pliés. Nike biß die Zähne zusammen und übte die Schritte immer wieder von vorn. Wenn sie sich an einer Stuhllehne festhielt und in der fünften Position langsam in die Knie ging, knackten ihre Gelenke. Selbst nach der Blinddarmoperation hatte sie sich nicht so steif gefühlt. Dann die Battements. Spielbein vom Körper wegschlagen und in die Ausgangsposition zurückbringen. Dann Battement rückwärts. Wieder war die Bewegung nicht perfekt. Nike spürte genau, was sie alles falsch machte, sie brauchte nicht einmal das kleine Stöckchen von Mademoiselle Veronique, das sie während des Trainings so oft auf den Schultern, den Oberschenkeln, dem Bauch fühlte.

Ich bin schlecht, dachte Nike verzweifelt, ich bin so schlecht. Ich kann überhaupt nicht mehr tanzen.

Das Rosen-Adagio begann. Nike stellte sich in die richtige Position und lauschte angestrengt auf ihren Einsatz. Jetzt! Sie nahm die Arme über den Kopf, ihre Füße bewegten sich korrekt, das spürte sie, aber ihr fehlte der Rhythmus, die Leichtigkeit der Bewegung, nichts paßte richtig zusammen, und als der Einsatz für die Pirouette kam, war sie zu spät. Verzweifelt warf sie sich in den Sessel. „Ich bin schlecht, ich bin schlecht", schluchzte sie, sprang wieder auf und schaltete die Anlage aus. Sie wischte sich die Tränen aus den Augen und rannte in ihr Zimmer.

„Verdammt", flüsterte sie. „Verdammt, verdammt."

Sie wußte nicht, wann sie zuletzt so traurig gewesen war. Nachdenklich setzte sich Nike aufs Bett, stützte das Gesicht in die Hände und starrte so lange auf den weißen Fleck an der Wand, an dem vorher das Plakat gehangen hatte, bis ihr ganz schwindlig war. Dann hatte sie einen Entschluß gefaßt. Sie zog ihren neuen weißen Angorapulli an, die hautengen Jeans, Stiefel, und stülpte sich den Anorak über.

Sie hatte plötzlich so eine Eile, daß sie nicht einmal mehr Zeit fand, den Schal richtig um den Hals zu schlingen. Er wehte hinter ihr her, als sie aus dem Haus lief, die Auffahrt hinunter, und dann die Straße entlang.

„Nike", sagte sie plötzlich, als sie keuchend stehenblieb, „wohin willst du eigentlich?" Dabei war es vollkommen klar: Zwei Straßenkreuzungen weiter war die Ballettschule. Nike schaute auf die Uhr. Zehn nach fünf.

Jetzt haben sie gerade angefangen mit den ersten Übungen an der Stange, dachte Nike, und sie spürte einen schmerzhaften Stich. Sie war eifersüchtig auf die anderen, eifersüchtig auf das, was sie inzwischen gelernt haben würden. Wenn ich eines Tages wieder tanzen darf, dachte Nike verzweifelt, dann werde ich nicht mehr die Beste der Gruppe sein, sondern die Schlechteste. Und Mademoiselle Veronique wird nie wieder auf die Idee kommen, mich beim Ballettdirektor vortanzen zu lassen...

Ganz automatisch trugen ihre Füße sie über die Kreuzung, an dem Supermarkt und der Apotheke vorbei zu dem alten Haus mit den schönen Erkern und Türmchen. Neben dem Haus war eine alte Hofdurchfahrt, die früher wohl von den Kutschen benutzt worden war. Jetzt standen da lauter Fahrräder. Und an der Wand glänzte ein Messingschild –

Mademoiselle Veronique achtete darauf, daß es jeden Morgen geputzt wurde –, auf dem stand: Staatl. geprüfte Ballettschule.

Nike blieb stehen. Sie glaubte Klaviermusik zu hören. Aber es war möglich, daß sie sich das nur einbildete, denn früher, wenn sie zum Training gegangen war, hatte sie nie darauf geachtet. Sie dachte an den Pianisten, einen Studenten der Musikhochschule; er hatte feuerrote Haare und einen Schnurrbart und hieß Andreas. Er war immer gut gelaunt und tröstete die Mädchen, wenn sie einmal verzweifelt waren oder Schmerzen hatten. Sein Vater hatte irgend etwas mit Kaugummis zu tun, jedenfalls brachte er immer eine Tüte Kaugummis mit in die Ballettschule.

Nike schaute auf die Räder. Sie wußte, daß das hellblaue Rad Frederic gehörte, einem vierzehnjährigen Jungen, der ein begabter Tänzer war. Das schwarze, altmodische Damenrad wurde immer von Gerti gefahren, einem hochmütigen Mädchen, die nie ein Wort sagte. Das grüne gehörte Franziska. Franziska war erst acht und trotzdem schon in der Klasse für Fortgeschrittene. Wieder wehten ein paar Takte Klaviermusik herüber, und jetzt hörte Nike auch die schrille, immer etwas erregte Stimme der Ballettmeisterin. Sie konnte nur nicht verstehen, was sie sagte.

Nike spürte, wie sich ihr Magen zusammenzog. Wenn ich hier noch länger stehe, dachte sie verzweifelt, dann ist es ganz aus mit mir. Sie preßte die Lippen zusammen und ging mit gesenktem Kopf weg. Aber in ihren Ohren hörte sie immer noch die Klaviermelodie. Irgend etwas, Hübsches, etwas, wonach sie auch schon getanzt hatte. Aber es fiel ihr einfach nicht ein, was es war.

Nike betrat das *Café Größenwahn*, als die Rathausuhr gerade halb sechs schlug. Draußen war es schon fast dunkel, und Nike blinzelte, als sie in den hellerleuchteten Raum trat. Das Café war mit weißen Tischen und Stühlen eingerichtet. Über dem Tresen hingen bunte Neonröhren, in den Ecken standen Palmen und Garderobenständer aus blitzendem Chrom. Das *Café Größenwahn* war vor einem halben Jahr eröffnet worden und sofort Treffpunkt der Schüler geworden.

Nike nahm ihren Schal ab und zog den Anorak aus, während sie sich durch die engen Tische einen Weg zum Garderobenständer bahnte. Sie stellte fest, daß keiner da war, den sie kannte. Enttäuscht überlegte sie, ob sie nicht doch lieber wieder nach Hause gehen sollte. So würde sie sich wenigstens viel Ärger ersparen.

Plötzlich legte ihr jemand die Hand auf die Schulter. „Hallo, Arnika", sagte eine tiefe Jungenstimme. „Das ist ja toll, daß du mal wieder aus dem Untergrund auftauchst."

Arnika drehte sich um. „Oh, hallo, Jan", sagte sie überrascht. „Ich wußte gar nicht, daß du auch ins *Größenwahn* gehst."

„Und wieso sollte ich nicht?" fragte Jan grinsend. „Hier trifft man wenigstens nette Leute. Auf meiner Bude treffe ich immer nur mich selbst. Und ich bin ein so schrecklich langweiliger Kerl."

Arnika lachte. Sie kannte Jan nicht besonders gut. Einmal,

auf dem Herbstfest der Schule, hatte sie mit ihm getanzt, und nachher waren sie durch Zufall ein Stückchen zusammen nach Hause gegangen, das war alles. Jan war zwei Jahre älter als sie, er ging schon in die elfte Klasse. Er war ein Junge, mit dem man schlecht Kontakt bekam. Arnika erinnerte sich, daß in der Schülerzeitung ein Artikel über ihn gestanden hatte. Jan hatte einen Preis im Wettbewerb „Jugend

forscht" gewonnen. Es hatte irgend etwas mit Elektronik zu tun. Nike hatte kein Wort verstanden. Jedenfalls hatte sie danach beschlossen, daß ein Forschertyp wie Jan überhaupt nicht zu ihr paßte.

Sein Äußeres hatte ihr allerdings schon immer gefallen. Er war groß, schlank und hatte schöne wellige Haare und braune Augen. Wenn er lächelte, lächelten am meisten seine Augen. Sie konnte sich erinnern, daß er sie beim Tanzen einmal so angelächelt hatte und daß sie ganz rot geworden war. Er hatte ihr irgendein Kompliment gemacht. Ach ja, jetzt fiel es ihr ein. Er hatte gesagt: „Bei dir gilt wohl das Gesetz der Schwerkraft nicht." Und als Arnika ein verständnisloses Gesicht gemacht hatte, hatte er hinzugefügt: „Weil du mir vorkommst wie eine Feder, die vom Wind in die Luft gepustet wird." Und dann hatte er wieder so gelächelt, mit diesem besonderen Leuchten in den braunen Augen, daß Nike fühlte, wie sie ganz rot wurde.

„Ich habe immer gedacht", sagte Jan jetzt, „daß ich dich irgendwo mal wiedersehen würde. Ist doch echt komisch. Damals war Herbst, und jetzt ist bald schon wieder Frühling, und in der ganzen Zeit sind wir uns nirgendwo begegnet. Dabei bin ich wie ein Stadtindianer unterwegs gewesen."

Arnika lächelte. „Ich geh nicht so oft weg", sagte sie. „Ich hab wenig Zeit."

„Wer hat schon Zeit?" Jan hob die Schultern. „Zeit ist was für Leute, die in Pension gehen. Wir geizen mit den Sekun-

61

den, was? Apropos geizen, darf ich dich zu irgendwas einladen? Mein Alter hat mir gerade eine Taschengelderhöhung gewährt. Ich war ganz baff."

„Das müßte mir auch mal passieren", sagte Arnika.

Jan sah sie aufmerksam von der Seite an. „Du schaust nicht gerade aus wie jemand, der einen Sechser im Lotto hatte. Irgendwie ein bißchen blaß um die Nase."

„Ich hab momentan auch nicht meine beste Phase", murmelte Nike.

„Um so eher brauchst du jetzt einen Cappuccino." Jan deutete auf einen leeren Tisch. „Gehen wir da in die Ecke? Sieht ganz passabel aus." Er dirigierte sie durch die Tische. Sie setzten sich. Jan fragte: „Ist Cappuccino okay?"

„Gern", sagte Nike.

Jan gab die Bestellung auf, und dann lehnte er sich auf seinem Stuhl zurück, verschränkte die Arme und sagte: „Also los."

„Also was?"

„Erzähle!"

Nike lächelte hilflos. „Was soll ich erzählen?"

„Warum es dir schlechtgeht."

Nike holte tief Luft: Sie klemmte die Hände zwischen die Knie. Selbst durch den Jeansstoff spürte sie die kalten Fingerspitzen. „Ich glaub nicht, daß ich darüber reden möchte", sagte sie zögernd.

„Okay. Das ist deine Entscheidung. Ich dachte nur, daß es manchmal hilft, wenn man seinen Seelenmüll jemandem vor die Füße kippen kann. Ich bin der ideale Mülleimer." Er lächelte wieder, und wieder spürte Nike, daß sie rot wurde.

Der Cappuccino kam, und Jan gab eine Story von seiner letzten Italienreise zum besten. Es war wirklich eine urkomische Geschichte. Jan konnte witzig erzählen, er zog dabei Grimassen und rutschte auf dem Stuhl hin und her und wedelte mit den Händen in der Luft herum, so daß er um ein Haar ein Tablett mit Weingläsern leergefegt hätte. Aber es ging gerade noch einmal gut.

Nike lachte.

„Schön, dich lachen zu sehen", sagte Jan plötzlich ernst. „Ich dachte schon, das kannst du gar nicht mehr. Wir haben mal zusammen getanzt, stimmt's? Ich hab das irgendwie in ziemlich guter Erinnerung."

„Ich auch", sagte Nike und wurde wieder rot.

„Du hattest so was Blaues an. Warte mal ... nein, es war irgendwie aus Wolle, oder? Oder war es nicht aus Wolle? Jedenfalls sah es, glaub ich, unheimlich gut aus."

„Es waren schwarze Strumpfhosen und ein Maxi-Pulli. Der war auch schwarz", sagte Nike.

„Also haarscharf daneben. Pech. Nächstes Mal guck ich genauer hin." Er schaute sie an. „Das sieht auch ziemlich gut aus, die Jeans und der Pulli. Der fusselt bestimmt unheimlich, oder?"

„Stimmt", sagte Nike amüsiert. „Wieso ist das wichtig?"

Jan verdrehte die Augen. „Ach", sagte er, „ich dachte gerade bloß mal so ..."

Und in diesem Augenblick, ganz plötzlich, dachte Nike: Ich erzähl's ihm doch. Und dann sprudelte die ganze Geschichte aus ihr heraus. Ihre Verzweiflung, ihre Enttäuschung, die Sache mit dem Geburtstag, mit der Party, die sie absagen mußte, die Torte der Großmutter und wie ihr Vater das Poster von der Wand genommen und die Trainingssachen aus ihrem Zimmer geräumt hatte.

Schließlich war sie vom Erzählen ganz erschöpft.

Jan sagte eine Weile nichts. Er rührte mit dem Löffel in der Tasse, die schon lange leer war. Er wirkte sehr ernst, sehr konzentriert. Schließlich schaute er auf. „Ich weiß, wie du da rauskommst", sagte er. „Ich weiß, wie man das Problem in den Griff kriegt."

„Und wie?" fragte Nike.

„Ich werde dir helfen. Ich werde dir Nachhilfe geben in Mathe, in Physik, in all den Fächern, die du so bekloppt findest." Er grinste. „Tut mir echt leid, daß ich so ein Typ bin, dem das Spaß macht. Aber ich glaub, ich kann dir das ziemlich gut erklären. Ich hab's nämlich wirklich kapiert."

Nike sah ihn überrascht an. „Aber warum willst du das machen? Warum willst du mir helfen?"

Jan breitete die Arme aus. „Weil ich so ein unheimlich netter Kerl bin. Reicht die Erklärung?"

Nike lachte. Sie fühlte sich auf einmal wie befreit. Dabei wußte sie genau, daß ihre Probleme noch lange nicht gelöst waren. Aber es war schon wunderbar, daß Jan ihr zugehört hatte und daß er so viel Mitgefühl zeigte. Und wenn er ihr wirklich helfen würde ... Arnika bekam einen ganz heißen Kopf vor Freude.

Jan schaute sie immerzu an. Er nickte. „So machen wir das", sagte er. Er bezahlte die beiden Cappuccinos. Nike überlegte, ob sie ihn zu einem zweiten Cappuccino einladen sollte, aber dann dachte sie, es wäre besser, das ein anderes Mal zu machen. Sie mußte dringend nach Hause gehen, wenn sie keinen Ärger bekommen wollte.

Als sie vor die Tür traten, regnete es schon wieder. Aber der Regen machte Nike auf einmal gar nichts mehr aus. Sie breitete die Arme aus, legte den Kopf in den Nacken und ließ die Regentropfen auf ihrem Gesicht zerplatzen. Dabei machte sie zwei, drei tänzelnde Schritte.

Jan schaute ihr zu. „Und das ist wirklich wahr?" fragte er.

„Was?"

„Daß Tanzen das Wichtigste in deinem Leben ist?"

Und als Nike mit einem verlegenen Lächeln nickte, sagte Jan ungläubig: „Wahnsinn. Wirklich irre. Aber es gefällt mir. Es gefällt mir sogar sehr."

Nike hockte im Bett. Auf den angezogenen Knien balancierte sie ihr Tagebuch.

Es ist jetzt elf Uhr abends, aber ich muß unbedingt noch alles aufschreiben, denn es ist etwas unheimlich Tolles passiert. Endlich! Endlich passiert auch in meinem Leben mal wieder etwas Schönes: Ich glaube, ich hab mich verliebt! Er heißt Jan, aber seinen Nachnamen weiß ich nicht einmal. Na ja, spielt ja auch keine Rolle, den werde ich auch noch herausbekommen. Jedenfalls ist er unheimlich süß und sieht toll aus. Er zieht auch total ausgeflippte Sachen an; einen viel zu weiten Regenmantel, den er wahrscheinlich von seinem Vater geerbt hat, und dazu eine schwarzen Schlapphut. Mir gefällt das, wenn Jungen so verrückt sind. Mir gefällt bis jetzt überhaupt alles an ihm. Aber was weiß ich schon? Wir haben vor sechs Monaten einmal zusammen getanzt und heute einen Cappuccino zusammen getrunken. Was kann man da schon erfahren? Komisch bloß, daß ich so sicher bin. Total sicher, daß ich alles, was ich in Zukunft an ihm entdecken werde, auch total gut finden werde.

Nike lehnte den Kopf zurück und schloß für einen Augenblick die Augen. Sie lächelte immer noch. Wie lange war das eigentlich her, daß sie sich so glücklich gefühlt hatte? Eine Ewigkeit, dachte Nike, wirklich eine Ewigkeit ...

Sie wollte das Tagebuch zuklappen, aber dann fiel ihr noch etwas ein. Sie schrieb:

Das ist das erste Mal, daß ich nichts vom Tanzen erwähnt habe. Endlich einmal ein anderer Gedanke in meinem Kopf. Ich schätze, es geht wieder aufwärts mit mir.

Am nächsten Morgen, als Nike beim Frühstück erschien, war ihre Fröhlichkeit schon wieder verflogen.

„Was macht die Schule?" war die einzige Frage, die ihr Vater über den Rand der Zeitung an sie richtete. Dann hielt er wortlos seine Tasse über den Tisch und wartete darauf, daß Nike oder ihre Mutter sie nachfüllten.

Nike haßte es, wenn ihr Vater morgens Zeitung las. Sie wußte, daß ihre Mutter es auch haßte, aber nie sagte einer von ihnen etwas.

Nike holte einen Joghurt aus dem Kühlschrank und setzte sich wieder hin.

„Ich hab dich was gefragt", sagte Dr. Ingwersen.

„Was denn?" fragte Nike. „Ich hab nichts gehört."

Jetzt legte ihr Vater endlich die Zeitung aus der Hand. „Ich wollte wissen, wie es in der Schule läuft. Heute nachmittag rufe ich nämlich deine Lehrerin an, um mich nach deinen Fortschritten zu erkundigen. In zwei Wochen muß man doch schon irgend etwas merken, oder?"

„Zwei Wochen sind doch gar nichts", sagte Nike. Ihr wurde ganz heiß bei dem Gedanken an die letzte Physikarbeit, die sie noch nicht zurückbekommen hatten. „Wieso glaubst du, daß man in zwei Wochen sich auf einmal so bessern kann?"

„Es ist alles eine Frage des Einsatzes", sagte ihr Vater. „Ich frage mich, ob dein Einsatz groß genug ist."

Nike starrte ihren Vater an. „Ich pauke doch den ganzen Tag. Was wollt ihr eigentlich? Soll ich die Mathebücher vielleicht nachts unter mein Kopfkissen legen?"

„Nike", sagte Hella Ingwersen hastig, „das ist ungezogen. Du weißt genau, daß die Frage deines Vaters berechtigt ist."

Nike zog ihren Kopf ein. Sie war wütend. Am liebsten wäre sie aufgestanden und gegangen.

Da sagte ihr Vater: „Was hast du zum Beispiel gestern gemacht? Ich hab zweimal angerufen, und niemand hat abgenommen."

„Wahrscheinlich", sagte Nikes Mutter, „verläßt du immer sofort das Haus, wenn ich nicht auf dich aufpasse."

„Mami", sagte Nike gequält, „ich bin fünfzehn Jahre! Ich brauche keinen Aufpasser! Und was soll ich schon machen? Das einzige, was mir Spaß macht, habt ihr doch verboten."

„Dann kannst du uns ja auch erzählen, wo du gestern gewesen bist."

Nike hob gleichmütig die Schultern. „Im *Größenwahn*."

„Was?" Ihr Vater runzelte die Stirn. „Was soll das denn sein."

„Ein Café", sagte Nike einsilbig.

„Es ist so ein neuer Treffpunkt für junge Leute", fügte Hella Ingwersen erklärend hinzu.

„Ah. Ein Treffpunkt für junge Leute. Wahrscheinlich Leute, die alle bessere Zensuren mit nach Hause bringen als du. Oder ist es diese Art von Kneipe, wo nur die Versager und die Verneiner herumhocken und sich gegenseitig bemitleiden?"

Nike spürte, wie die Wut in ihr hochkam. Aber sie zwang sich, nichts darauf zu erwidern.

Ihre Mutter, die Nikes trotziges Gesicht als Warnung verstand, sagte hastig: „Es ist wirklich ein sehr nettes Café, Frank. Mit netten jungen Leuten."

Nike stand auf. Im Stehen kippte sie noch eine Tasse Milchkaffee um, dann sagte sie gelassen: „Ich hab mich da mit einem Jungen aus der Elften getroffen, einem Mathe-As. Der hat sogar einmal einen Jugend-forscht-Preis gewonnen. Er ist der beste Schüler in seinem Jahrgang. Ich schätze, so einen Sohn hättet ihr gerne gehabt. Der jedenfalls will mir Nachhilfe geben. In Physik und Mathe." Sie warf ihren Eltern einen Blick zu, der zwischen Zorn und Triumph schwankte. „Ist das Verhör jetzt beendet?"

Ihr Vater schaute sie eine Weile nachdenklich an. Dann breitete sich ein Lächeln auf seinem Gesicht aus. „Komm her, Mädchen", sagte er zärtlich.

Nike rührte sich nicht. „Warum?"

„Ich möchte dich in den Arm nehmen."

„Ich hab aber keine Lust", sagte Nike. „Außerdem liegt mir das Frühstück im Magen."

„Mir auch", sagte Hella Ingwersen seufzend. „Ich frage mich, wann es endlich wieder so schön harmonisch bei uns sein wird, wie es früher gewesen ist."

Nikes Vater stand auf. Er legte die Arme um Nikes Schulter und zog sie an sich. „Entschuldige, Mädchen", sagte er warm. „Ich weiß, du hältst mich für einen gräßlichen Vater."

Nike schloß die Augen.

„Aber ich trage doch für dich und für deine Zukunft die Verantwortung. Deshalb muß ich einfach manchmal streng sein und dumme Fragen stellen, verstehst du das nicht?"

„Mhm", machte Nike achselzuckend. Vielleicht hatte er ja

recht, aber wenn es so war, hatte sie keine Lust, ihrem Vater zuzustimmen.

Dr. Ingwersen strich seiner Tochter zärtlich über die Haare. „Die Idee mit dem Nachhilfeunterricht gefällt mir. Wirklich. Es ist wahrscheinlich das einzig Vernünftige. Ist er denn nett?"

Nike war froh, daß ihr Kopf immer noch an der Schulter des Vaters ruhte und er ihr Gesicht nicht sehen konnte, denn es wurde glühend rot.

„Ziemlich nett", murmelte sie.

„Und wann habt ihr euren ersten Nachhilfeunterricht?"

„Heute nachmittag, um vier Uhr."

Dr. Ingwersen entließ sie mit einem sanften Nasenstubser. „Na fabelhaft. Der junge Mann ist uns herzlich willkommen."

Als Nike an diesem Mittag aus der Schule heimgekommen war, hatte sie in rasender Eile ihr Zimmer aufgeräumt. Plötzlich fand sie, daß alles geändert werden müsse: das Bücherbord nach rechts, der Schreibtisch vor das Fenster, der Kassettenrekorder auf den kleinen Beistelltisch und dafür die Stofftiere nach ganz oben in den Kleiderschrank. Mit fünfzehn läßt man die Stofftiere nicht mehr im Zimmer rumliegen. Nur das Schäfchen ließ sie weiter auf ihrem Kopfkissen schlafen.

Sie lieh sich aus dem Wohnzimmer ein paar Kissen und versuchte das Bett in ein Sofa zu verwandeln. Dann nahm sie aus der Schreibtischschublade den Karton mit Fotos. Es gab ein sehr schönes Foto von ihr im Ballettkostüm. Bei der Arbeit an der Stange. Einmal hatte Mademoiselle Veronique einen Fotografen kommen lassen, der von allen eine Aufnahme machte. Sie hatte gemeint, das wäre ein schönes Weihnachtsgeschenk für die Eltern. Nike hatte drei Abzüge bekommen. Ein Foto hatte eine Weile in einem Silberrahmen auf dem Nachttisch ihrer Mutter gestanden – Nike fragte sich plötzlich, seit wann es von dort eigentlich verschwunden war. Ein anderes hing bei ihrer Großmutter im Flur. Nike hatte mit einem Silberstift noch „Fröhliche Weihnachten" darübergeschrieben und es auf weiße Pappe geklebt, und sie fand, daß es so richtig toll aussah. Das dritte Foto lag in der Schublade. Nike hatte sich nie entschließen können, es in ihrem Zimmer aufzustellen. Sie dachte, es würde schrecklich eitel und eingebildet wirken. Aber jetzt, wo alles, was sie ans Tanzen erinnerte, aus ihrem Zimmer entfernt war und sie nicht einmal das wunderschöne Plakat von Marcia Haydee hatte behalten dürfen, war das etwas anderes.

Nike nahm das Foto, wischte mit dem Ärmel den Staub ab und schaute es kritisch an. Sah sie auf dem Bild wirklich gut aus? Sie hatte ihre Haare zu einem winzigen Knoten im Nacken zusammengesteckt, wie es bei Ballerinen üblich ist, und eine schwarze Papierblume daran befestigt. Sie trug ein rosafarbenes Trikot mit einem hauchdünnen kurzen Seidenröckchen darüber und rosafarbene Spitzenschuhe. Sie lächelte mit zurückgebogenem Kopf in die Kamera, ein Arm war nach oben gestreckt, die andere Hand lag leicht auf der Stange.

Sie nickte. Es war wirklich ein hübsches Bild. Es müßte Jan eigentlich gefallen. Sie wollte so gerne, daß Jan sie sich als Tänzerin vorstellen konnte. Sie wollte, daß Jan an sie glaubte, an ihr Talent, an ihren Ehrgeiz, an ihre Zukunft. Jan war plötzlich so etwas wie ihr Vertrauter geworden, ihr Verbündeter. Er verstand sie einfach besser als die Eltern, die immer nur die Schule und Zensuren im Kopf hatten.

„Stimmt es wirklich, daß Tanzen das Wichtigste in deinem Leben ist?" hatte Jan sie gefragt. Und als sie genickt hatte, hatte er gesagt: „Das gefällt mir. Es gefällt mir sogar sehr." Und der Blick, mit dem er sie angeschaut hatte, war ganz ehrlich. Nike glaubte, so etwas wie Bewunderung in seinen Augen gelesen zu haben. Sie lächelte versonnen, während sie das Foto mit Heftzwecken über ihrem Bett anbrachte. Sie schaute sich noch einmal im Zimmer um. Es sah jetzt wirklich ganz passabel aus. Die Mathebücher lagen auf dem Schreibtisch bereit, Zirkel, Lineal und Taschenrechner. Jetzt könnte er eigentlich kommen. Nike schaute auf die Uhr. Vier Minuten nach vier.

Genau in diesem Augenblick klingelte es.

Nike stürzte in den Flur. Aber ihre Mutter war schneller. Sie öffnete bereits die Haustür.

„Ah, da kommt ja unser Retter", sagte sie fröhlich. Sie streckte Jan, der gerade den Regenschirm ausschüttelte, die Hand entgegen. „Ich bin Nikes Mutter. Sie müssen Jan sein."

„Stimmt", sagte Jan überrascht. Er schaute Nikes Mutter freundlich an. „Hat sich in der Familie wohl schon herumgesprochen, daß ich heute komme?"

„Nike hat vor uns keine Geheimnisse", antwortete Hella Ingwersen stolz.

Oh, dachte Nike, wie peinlich! Wie schrecklich! Warum mischen sich Eltern immer gleich ein?

Sie schob ihre Mutter ein bißchen zur Seite. „Hallo, Jan", sagte sie. „Dir läuft das Wasser ja aus den Schuhen."

„Es regnet kleine Hunde. Ein Wunder eigentlich, daß ich keine in den Schuhen habe." Jan grinste. „Gibt es hier auch so etwas wie einen Schirmständer? Ich will in eurer Wohnung keine Überschwemmung veranstalten."

Nike nahm ihm den Schirm ab. Sie war noch ganz rot vor Aufregung und weil sie die ganze Situation irgendwie peinlich fand. Ihre Mutter stand immer noch da, mit diesem freundlich zustimmenden Lächeln. Nike konnte es kaum ertragen. Ich steh doch auch nicht daneben, wenn die Eltern abends ihre Gäste begrüßen, dachte sie.

„Am besten gehen wir gleich in mein Zimmer", sagte sie schnell.

Jan hob die Schulter. „Mir alles recht."

„Wenn ihr etwas braucht, Kinder", rief Nikes Mutter ihnen hinterher, „sagt mir Bescheid. Ich kann Kaffee kochen oder Tee oder was immer ihr wollt."

„Danke, Mami", sagte Nike matt. „Aber wir kommen ganz prima allein zurecht. Hier ist mein Zimmer." Sie stieß die Tür mit dem Fuß auf und trat als erste ein.

„Ziemlich klein, oder? Ich wette, du hast es dir anders vorgestellt."

73

„Na klar. Ich dachte, du schläfst in einem Tanzsaal."

„Ich finde es so auch schrecklich brav", sagte Nike. „Ich weiß nicht genau, woran das liegt."

„Wahrscheinlich daran, daß du vor deinen Eltern keine Geheimnisse hast."

Nike wurde rot. „Ach, Blödsinn", murmelte sie.

„Nee, ehrlich, ich finde das gut. Ich hab immer so viele Geheimnisse vor meinen Eltern gehabt, daß ich mich mit den Ausreden immer total verheddert hab. Ich hab schon aus Prinzip nie gesagt, wo ich wirklich hinging. Also wenn ich ins Kino wollte, hab ich gesagt, ich geh Rollschuh laufen, und wenn ich Rollschuh laufen ging, hab ich gesagt, ich geh ins Kino." Er grinste. „Bescheuert, was?"

„Ich verstehe den Sinn nicht ganz", sagte Nike. Sie setzte sich auf das Bett. „Such dir einen Platz."

Aber Jan blieb stehen. Er ging im Zimmer herum und schaute alles an. Ihre Bücher, die Kakteensammlung auf dem Fensterbrett, die Kassetten. „Ich schätze, ich hab nur immer gelogen, weil das für mich so was wie Freiheit war. Heute versteh ich es auch nicht mehr genau. Im Grunde hab ich ja nie etwas getan, was irgendwie verboten war oder so. Bist du das etwa?" Er beugte sich vor und betrachtete neugierig das Foto hinter Nikes Kopf.

Nike rutschte ein Stückchen zur Seite, damit er es besser betrachten konnte. „Ja. Ist schon vier Monate alt. Es wurde kurz vor Weihnachten in der Ballettschule gemacht."

„Toll", sagte Jan.

„Findest du es wirklich gut?" Nike konnte ihre Freude kaum verbergen.

„Ich finde es einfach super", sagte Jan. „Du siehst unheimlich professionell aus. Und so zierlich. Ich schätze, in euren Kreisen nennt man das elfenhaft. Wieviel wiegst du eigentlich?"

„Achtundvierzig Kilo oder so", sagte Nike. „Ich wieg mich nicht so oft."

Jan starrte sie an. „Achtundvierzig Kilo? Soviel wiegt ja schon mein kleiner Bruder, und der ist erst zehn. Ich gebe zu, er ist ein bißchen fett. Aber du bist fünfzehn! Weißt du, wieviel ich wiege?"

„Keine Ahnung", sagte Nike. Sie konnte sich wirklich nicht vorstellen, wieviel ein siebzehnjähriger Junge wog.

75

„Fast siebzig Kilo", sagte Jan. Er ließ sich neben Nike aufs Bett plumpsen. „Ehrlich, ich komme mir ja richtig riesenhaft vor. Was meinst du, sollte ich es mal mit der Hollywood-Diät versuchen? Meine Mutter macht das gerade. Nur Ananas und Kamillentee. Muß grausig schmecken, nach ihrer Laune zu urteilen."

„Leute mit schlechter Laune gehen mir schrecklich auf die Nerven", sagte Nike. „Mein Vater ist auch oft launisch, wenn er überarbeitet ist. Da geh ich ihm lieber aus dem Weg."

„Also dann keine Hollywood-Diät für mich", stellte Jan fröhlich fest.

„Wieso auf einmal?" fragte Nike, die den Zusammenhang nicht ganz verstanden hatte.

„Na, ist doch logisch: Weil ich nicht will, daß du mir aus dem Weg gehst. Jetzt, wo wir uns endlich getroffen haben."

Er schaute Nike an, und sie spürte, wie ihr Herz heftiger schlug. Sie stand hastig auf und ging zu ihrem Schreibtisch. „Ich hab schon alles vorbereitet", sagte sie.

Jan holte tief Luft. Er klatschte in die Hände und stand ebenfalls auf. „Also gut. Wo fangen wir an? Beim kleinen Einmaleins?"

„Das hab ich gerade noch kapiert." Nike lachte. „Aber diese grauenvollen Gleichungen mit mehreren Unbekannten – da rastet es bei mir schon aus."

Jan lächelte. Irgendwie verbreitete er Heiterkeit und Zuversicht. „Also, das ist eine Kleinigkeit. Ich erklär dir mal das Prinzip – und schon geht dir eine Osrambirne auf."

So wie er es sagte, glaubte Nike beinahe, er könnte recht haben.

„Setz dich auf deinen Stuhl", sagte Jan. „Ich besorg mir eine andere Sitzgelegenheit."

„Mach ich schon", sagte Nike. Sie rannte ins Schlafzimmer. Ihre Mutter saß gerade vor dem Spiegel und zupfte die Augenbrauen. „Na?" fragte sie. „Kommt ihr gut voran?"

Nike nahm den kleinen Biedermeiersessel, der vor dem Schrank stand, und war schon wieder auf dem Weg zur Tür. „Klar", antwortete sie fröhlich. „Übermorgen kriege ich den Doktortitel der Harvard-Universität." Und schon war sie draußen.

Sie arbeiteten konzentriert mehr als zwei Stunden lang. Und als Nike dann vollkommen erschöpft von all der Rechnerei Tee aufsetzen wollte, sagte Jan. „Du, das geht nicht mehr. Ich hab noch eine Verabredung, kurz nach sechs."

Nike mußte sich auf die Zunge beißen, um nicht zu fragen, wohin Jan ging. Sie wußte, daß sie das nichts anging. Schließlich war er gekommen, um ihr Mathe und Physik beizubringen, und nichts weiter.

Dennoch hatte Nike das ganz sichere Gefühl, daß Jan mit einem Mädchen verabredet war. Sie merkte es daran, wie er sich im Garderobenspiegel mit den Händen durch die Haare fuhr. Sie merkte es an seiner plötzlichen Eile, von ihr wegzukommen. Wenn er mit einem Jungen verabredet wäre, dachte sie, oder zum Handballtraining oder um seinen kleinen Bruder irgendwo abzuholen, wäre er nicht so hektisch.

So hektisch ist man nur, wenn man sich mit jemandem trifft, der einem wichtig ist.

Nike versuchte, ihre Enttäuschung zu verbergen. Sie lehnte an der Wand im Flur und schaute zu, wie Jan den Regenschirm nahm, wie er den Kragen seiner Jacke hochschlug, wie er lächelte und fröhlich sagte: „Also, das ging doch ziemlich gut! Willst du, daß ich einmal in der Woche oder öfter mit dir lerne?"

„Von mir aus öfter", sagte Nike. „Ich weiß bloß nicht, wie ich mich dafür erkenntlich zeigen kann."

Jan sah sie verständnislos an.

Nike errötete. „Na ja, irgend etwas mußt du doch dafür bekommen, daß du mir deine Zeit opferst, oder?"

Jan lachte. „Dachtest du, das ist für mich ein Opfer?"

Nike hob ratlos die Schultern.

„Also, damit das ganz klar ist zwischen uns", sagte Jan, „ich bring dir Mathe und Physik bei, weil es mir Spaß macht. Ganz einfach Spaß. Ich möchte auch mal sehen, ob man in einen Kopf, der wahrscheinlich voll ist von Ballettmusik, auch Matheformeln reinkriegt. Ein richtiges Experiment." Er grinste. „Wer weiß, vielleicht schreib ich mal eine Forschungsarbeit über dieses Thema, und dann bist du mein erstes Erkundungsobjekt gewesen."

„Sehr schmeichelhaft", meinte Nike. Sie fühlte sich immer unsicherer. Sie hatte gehofft, Jan würde irgend etwas sagen, etwas Nettes, Liebes. Sie wußte selbst nicht genau, was sie erwartete. Aber daß sie etwas erwartete, war ihr plötzlich ganz klar. Statt dessen schaute er schon wieder auf die Uhr, schlug sich gegen die Stirn und rief: „Also, jetzt muß ich aber wirklich den vierten Gang einlegen, sonst komme ich zu spät. Also, wann soll ich wiederkommen?"

„Schlag was vor", sagte Nike schwach.

„Gut. Wie wär's mit Donnerstag?"

Donnerstag, das ist übermorgen, dachte Nike, und ihr Herz schlug schon wieder heftiger. Übermorgen hat er also schon wieder Zeit ...

„Donnerstag wäre toll", erklärte sie mit einem zaghaften Lächeln. „Wenn du aber was Besseres vorhast, dann ..."

Jan schlug ihr leicht auf die Schulter. „Mach dir um mich keine Sorgen, Nike. Geh lieber zurück in deine Bude, und schau noch mal alles an, was wir heute durchgenommen haben. Aber nicht zu lange, sonst träumst du noch nachts davon."

Nachdem Jan gegangen war, lief Nike zu dem kleinen Dielenfenster und sah ihm nach. Er spannte den Schirm nicht auf, obwohl es immer noch leise regnete, sondern spurtete mit eingezogenem Kopf über die Straße. Himmel, dachte sie, während sie ihm nachschaute, ich glaub, ich hab mich verliebt. Das hat mir gerade noch gefehlt!

In der Nacht träumte Nike aber nicht von mathematischen Gleichungen, sondern sie stand auf einer Bühne, die über und über mit Blüten bedeckt war. Sie trug ein beinahe durchsichtiges Tanzkleid aus hauchzarter weißer Seide und hatte einen Kranz aus kleinen weißen Gänseblümchen im Haar. Die Scheinwerfer waren auf sie gerichtet, und wenn sie ins Publikum blickte, sah sie nur unzählige dunkle Köpfe, das Aufleuchten der Blattgoldverzierungen an den Rängen und unter dem Orchestergraben die Musiker und einen Dirigenten, der mit erhobenem Taktstock zu ihr aufsah und ihr den Einsatz für den ersten Tanz gab. Sie hörte Musik, eine wunderschöne, sanfte Musik, und sie tanzte mit geschlossenen Augen, so leichtfüßig, so grazil und anmutig, daß das Publikum immer wieder stürmisch applaudierte. Es gelangen ihr alle schwierigen Schritte und Sprünge, Attitude und Arabesque und der „Pas de Chat". Es strengte sie nicht an, der Rücken tat nicht weh, ihre Beine wurden nicht schwer, und die Zehen schmerzten nicht, wenn sie Spitze tanzte – es war ganz einfach wunderbar. Und dann tauchte aus den Kulissen, aus einem Vorhang aus dünnen Voile-Stoffen, ein Tänzer auf, ein schöner junger Mann, der mit drei großen Sprüngen bei ihr war, sie von hinten umfaßte und herumwirbelte und mit dem sie einen zärtlichen wunderschönen Pas de deux tanzte. Als sie einmal während einer Drehung in sein Gesicht schaute, sah sie, daß es Jan war.

Zwei Tage später, als Nike nach der Schule beim Goldschmied ein Kettchen abholte, das ihre Mutter zum Reparieren hingebracht hatte, sah sie Jan mit dem Mädchen. Die beiden standen vor dem Schaufenster eines Bücherladens schräg gegenüber. Jan hatte seinen Arm um die Schulter des Mädchens gelegt, und ihr Kopf lehnte an seiner Schulter. Nike sah einen Schwall roter lockiger Haare, die auf die Schultern herunterfielen. Das Mädchen trug einen schwarzen Regenmantel und Schnürstiefel.

Nike war sicher, daß sie das Mädchen noch nie gesehen hatte. Bestimmt besuchte sie nicht das Gymnasium, denn ein Mädchen mit solchen roten Haaren wäre ihr bestimmt aufgefallen.

Sie fühlte sich, als hätte ihr jemand den Boden unter den Füßen weggezogen. Sie stand da, die Schulbücher unter den Arm geklemmt, und konnte ihren Blick nicht von den beiden lösen. Jetzt wandten sie einander das Gesicht zu. Nike sah, daß beide lachten. Sie stießen mit den Nasen zusammen und schauten dann wieder auf die Bücher, die in der Auslage ausgestellt waren.

Nike stürzte in den Juwelierladen, suchte mit zitternden Händen nach dem Reparaturzettel, den sie plötzlich nicht mehr finden konnte. „Ich hab ihn aber eingesteckt", murmelte sie verstört, „das weiß ich ganz genau. Meine Mutter hat ihn mir gegeben, als ich mir gerade den Anorak anzog."

Ihre Hände kramten in den vielen Taschen des Anoraks. Sie förderte alles mögliche zutage, eine Kinokarte, eine Sicherheitsnadel, einen abgebrochenen Augenbrauenstift, eine Haarklemme mit einem kleinen viereckigen Kleeblatt – das kann ich auch wegwerfen, dachte Nike in ihrer Verzweiflung, das hat mir sowieso kein Glück gebracht.

Schließlich deutete der Juwelier, der geduldig Nikes Suchaktion beobachtet hatte, auf einen Zettel, der aus ihrem Ringbuch herausschaute. „Und was ist das?" fragte er.

Nike wurde über und über rot. „Ja", antwortete sie, „das ist er."

Während der Juwelier hinten im Laden verschwand, um

das Kettchen zu holen, schaute Nike durch die Fensterscheibe auf die andere Straßenseite. Die beiden standen jetzt am Bürgersteigrand, und Nike konnte das Gesicht des Mädchens sehen. Selbst bei all dem Schmerz, den Nike verspürte, mußte sie zugeben, daß sie ein auffallend hübsches Gesicht hatte. Sie hatte Sommersprossen und lachende Augen. Und das Mädchen redete mit weit ausholenden Handbewegungen, sie wirkte frei und unbekümmert und gab Jan mitten auf der Straße einen Kuß.

Jan wischte sich über die Wange, als habe er Angst, einen Abdruck ihres Lippenstiftes zurückzubehalten.

In diesem Augenblick schaute er genau in Nikes Richtung, und sie trat instinktiv einen Schritt zurück. Nachher fiel ihr ein, daß Jan sie durch die Fensterscheibe hindurch gar nicht sehen konnte.

Der Juwelier kam zurück und legte das Kettchen auf ein kleines Samtkissen. „So", sagte er, „das macht sechzehn Mark." Nike zahlte, ohne hinzusehen, und verließ fluchtartig den Laden. Jan und das Mädchen stiegen gerade in den Linienbus 56.

Und in diesem Augenblick sah Jan sich noch einmal um. Und da entdeckte er Nike. Er stutzte einen Augenblick, dann hob er einen Arm und winkte. Und Nike, mit diesem Schmerz in ihrem Herzen, winkte zitternd zurück.

„Das war ja ein lustiges Zusammentreffen", sagte Jan ganz beiläufig, als er am Donnerstag nachmittag kam, um mit Nike Mathe zu pauken. „Da sieht man wieder, wie klein unsere Stadt ist. Was hast du denn in der Gegend gemacht?"

Nike hatte sich eigentlich vorgenommen, kein Wort über die Begegnung zu verlieren. Aber jetzt war sie doch froh, daß Jan davon anfing, denn während der ganzen Zeit hatte sie an nichts anderes als an das Mädchen mit den roten Haaren denken können.

„Ich mußte für meine Mutter etwas vom Juwelier abholen", sagte sie. „Und du?"

„Ach", sagte Jan, die Schultern hebend, „ich hab Marion von der Schule abgeholt. Wir wollten ein Geburtstagsgeschenk für sie kaufen."

Nike sagte nichts. Ihr Herz schlug wie rasend. Schließlich zwang sie sich zu der Frage: „Und? Habt ihr etwas gefunden?"

Jan grinste. „Nee. Wir konnten uns nicht einigen. Ich wollte ihr ein Buch über Florenz kaufen, weil sie mit ihren Eltern im Sommer in die Toskana reist, aber Marion meinte, sie wolle lieber etwas Persönliches."

Himmel, dachte Nike, genauso hab ich mir das vorgestellt. Etwas Persönliches. Na klar, wenn man verliebt ist ...

„Also", fuhr Jan unbekümmert fort, „sind wir zu H & M gegangen und haben uns durch sämtliche Abteilungen gewühlt. Marion wollte plötzlich einen Hut, irgendwas Verrücktes.

„Steht ihr bestimmt toll", murmelte Nike. Sie hatte das Gefühl, sie würde sich bei den Worten verschlucken, aber Jan merkte nichts.

„Wir haben aber keinen gefunden, der ihr gefiel. Dann

83

wollte sie einen Gürtel, aus Kroko-Imitat, dschungelgrün und mit silberner Schnalle. Ich fand das so abscheulich und sagte ihr, den müßte sie sich selber kaufen. Da war sie beleidigt." Jan lachte Nike fröhlich an. „Und dann sind wir wieder nach Hause gefahren."

Nike konnte darauf nichts erwidern. Sie hockte auf dem Bett und streichelte ihr Stoffschäfchen.

Als Jan bemerkte, daß Nike nicht sehr gesprächig war, setzte er sich an den Schreibtisch und schlug das Mathebuch auf.

„Also los", sagte er, die Hände reibend, „dann stürzen wir uns jetzt einfach kopfüber wieder in das Vergnügen."

„Okay." Schwerfällig erhob sich Nike von ihrem Bett. Sie glaubte, ihre Beine würden sie nicht einmal mehr bis zum Schreibtisch tragen. Aber als sie dann ihren Kopf neben Jans Kopf über das Buch beugte, sagte sie plötzlich: „Wie lange geht ihr schon zusammen?"

„Wer?" fragte Jan verblüfft. „Marion und ich?"

„Wer sonst?" fragte Nike zurück. Ihre Augen waren starr auf die mathematischen Formeln gerichtet.

Jan kratzte sich verlegen den Rücken. „Warte, laß mich mal nachrechnen. Na ja, im Mai werden es zwei Jahre, glaube ich. Marion könnte dir natürlich ganz genau den Tag sagen, aber ich bin nicht so romantisch." Er schaute Nike an. „Wieso fragst du?"

Nike hob die Schultern. „Nur so", sagte sie vage.

„Marion geht auf die Handelsschule", sagte er. „Sie will später mal ins Ausland, irgendwas machen, das mit Sprachen

zu tun hat. Ich habe sie auf einer Fete im *Rex* kennengelernt."

Nike war noch nie im *Rex* gewesen. Das war eine Disko-
thek in der Innenstadt, die zur Zeit sehr „in" war. Aber Nikes Eltern fanden, daß sie noch zu jung für Diskotheken
war. Und Nike hatte sich bislang nicht gegen das Verbot ge-
sträubt. Plötzlich aber, als sie dachte, daß Jan damals auch
erst fünfzehn gewesen war, spürte sie so etwas wie Neid.

„Ich kenn das *Rex* nicht", sagte sie. „Ist es schön?"

„Schön? Na ja, wie man's nimmt. Ganz gute Musik und
manchmal dufte Leute. Ich geh ja auch bloß alle Jubeljahre
mal hin."

Sie beugten sich wieder über das Buch.

Ein Weile schwiegen beide. Und dann sagte Jan plötzlich:
„Wenn du willst, können wir beide ja mal hingehen. Samstag
oder so."

Nike lächelte hilflos. „Ich glaub nicht, daß meine Eltern
das erlauben."

„Ich mein ja auch, wenn das mit der Schule wieder in Ordnung ist, in ein, zwei Monaten oder so."

Nike nickte. „Und was sagt deine Marion dazu?"

Jan hob die Schultern. „Keine Ahnung", sagte er fröhlich.
„Das werden wir dann ja sehen."

Abends schrieb Nike in ihr Tagebuch: *Vielleicht wird
doch noch alles gut. Vielleicht...*

Vierzehn Tage später kam der erste große Test: In Nikes
Klasse wurde eine Mathearbeit geschrieben, erste und zweite

Stunde. Jan hatte sich den ganzen Nachmittag Zeit genommen, um mit Nike noch einmal alles durchzugehen – und, o Wunder, es hatte den Anschein, als wenn Nike wirklich so etwas wie Durchblick durch den Dschungel von Zahlen und Formeln gefunden hätte.

Dennoch wachte Nike mitten in der Nacht mit Magenkrämpfen auf, und ihr Körper war bedeckt mit kaltem Schweiß, als sie ins Bad tappte. Sie saß, zusammengekrümmt und die Hände gegen den Magen gepreßt, auf dem Badewannenrand, als plötzlich die Neonröhre an der Decke aufflammte und ihre Mutter im Bad stand.

Erschrocken schaute sie Nike an. „Schätzchen!" rief sie. „Was hast du? Was ist los?" Sie hob Nikes Kopf und blickte ihr besorgt in die Augen. „Was ist, Nikelein?"

„Ich weiß nicht", murmelte Nike. „Mir ist so schlecht. Mir tut der Magen so weh. Hast du irgendeine Tablette?"

„Warte", sagte Hella Ingwersen, „ich hol deinen Vater."

„Bitte nicht! Ich will nicht, daß er es erfährt."

Aber Nikes Mutter war anderer Meinung. Sie lief ins Schlafzimmer zurück und weckte ihren Mann. Schlaftrunken kam er ins Bad. Er blinzelte Nike an. Als er ihr kreidebleiches Gesicht sah, war er mit einem Mal hellwach. „Bist du krank?" fragte er.

„Ich weiß nicht", murmelte Nike. „Mir ist bloß nicht gut."

„Mußt du dich übergeben?"

„Ich weiß nicht", sagte Nike wieder, noch ein bißchen hilfloser. „Ich glaub, ich will wieder zurück ins Bett."

Nikes Vater hob sie einfach auf und trug sie auf seinen

Armen in ihr Zimmer zurück. Er legte sie behutsam aufs Bett, nahm ihre Hand und fühlte den Puls.

„Streck mal die Zunge raus", sagte er dann.

„Aaah", machte Nike.

Ihr Vater legte die Hände an ihren Hals und drückte auf die Mandeln. „Tut das weh?"

Nike schüttelte den Kopf.

Dr. Ingwersen schob mit den Fingern die Augenlider zurück und betrachtete die Bindehäute. „Ich sehe nichts."

Nikes Mutter, die mit ratlosem Gesicht danebengestanden hatte, sagte: „Sie hat geklagt, daß ihr der Bauch weh tut."

„Schieb dein Nachthemd hoch", sagte Dr. Ingwersen.

Gehorsam tat Nike alles, was ihr Vater sagte. Er tastete ihren Bauch ab und fragte bei jedem Zentimeter Haut, in den er seinen Daumen drückte: „Tut es weh?"

„Nicht richtig", murmelte Nike. „Es ist keine bestimmte Stelle. Ich weiß auch nicht, was ich habe."

Energisch schob Dr. Ingwersen Nikes Nachthemd zurecht und deckte sie zu. Er stand auf. „Die Krankheit, die du hast, hat einen einfachen Namen: Angst."

„Angst?" rief Nikes Mutter.

„Angst vor der Mathearbeit. Ich gebe dir ein paar Baldriantropfen auf einem Stück Zucker, dann wirst du gut schlafen können."

Nike nickte schwach.

Während Dr. Ingwersen an die kleine Badezimmer-Apotheke ging, beugte die Mutter sich über Nike und legte ihr eine kühle Hand auf die feuchte Stirn. „Hast du wirklich solche Angst vor der Mathearbeit?" fragte sie mitfühlend.

Nike nickte.

„Das ist ja schlimm", sagte Hella Ingwersen.

Nike seufzte. „Da kann man nichts machen", flüsterte sie.

„Aber du hast doch so viel gelernt! Glaubst du nicht, daß du es schaffst?"

„Ich weiß doch nicht, welche Aufgaben drankommen", flüsterte Nike. „Nachher sind es gerade die, die wir nicht geübt haben." Sie schlang plötzlich die Arme um den Hals ihrer Mutter. „Ach, Mami", schluchzte sie, „wenn du wüßtest, wie ich die Schule hasse!"

„Was hat sie gesagt?" fragte Dr. Ingwersen. Er balancierte das Zuckerstückchen auf einem Teelöffel.

„Sie sagt, sie haßt die Schule."

Dr. Ingwersen lächelte tröstend. „Das haben wir alle als Schüler gedacht", sagte er. „Aber dann, wenn die Schule vorbei ist, denken wir voller Wehmut an die Zeit zurück."

Nike warf ihrem Vater einen langen Blick zu. „Ich bestimmt nicht", sagte sie.

Sie schluckte den Zucker, drehte sich zur Wand, und es dauerte nicht lange, bis sie eingeschlafen war. Sie träumte, daß sie in einem schwarzen Frack durch einen Wald von Zahlen tanzte. Sie trug einen Zylinder, und in der Hand hielt sie einen Zauberstab: Immer, wenn sie mit dem Stab eine Ziffer berührte, verschwand diese augenblicklich.

Am nächsten Morgen betrat Nike bleich, aber gefaßt das Klassenzimmer. Es herrschte, wie immer vor einer Klassenarbeit, Hektik und Nervosität. Carla, eine Mitschülerin, die beinahe ebenso schlecht in Mathe war wie Nike, rannte auf sie zu.

„Hast du eine Ahnung, welche Aufgaben drankommen?"

„Ich?" erwiderte Nike. „Wieso soll ausgerechnet ich das wissen?"

„Hast du mit Jan geübt?"

„Klar", sagte Nike. „Aber woher weißt du denn das?"

„Weil ich jemanden kenne, der in Jans Klasse geht, und weil ich weiß, daß Jan die Brühl gefragt hat, was wohl so ungefähr drankommen wird bei unserer nächsten Mathearbeit."

Nike starrte Carla an. „Ist das wahr?"

„Na, wenn ich es dir sage! Du Glückliche! Bestimmt geht bei dir alles glatt. Aber ich, ich fühle mich so elend, daß ich am liebsten gleich wieder nach Hause gehen würde."

„Ich komm mit", sagte Nike mit einem schwachen Lächeln. „Mir war heute nacht schon total schlecht."

„Setzen wir uns zusammen?" fragte Carla.

„Okay, meinetwegen."

Dann kam Frau Brühl und verteilte die fotokopierten Blätter mit den Aufgaben. Es herrschte eine lähmende Stille, während die Schüler die Aufgaben überflogen. Dies war immer der Augenblick der Entscheidung: Jeder wußte genau, wo er einigermaßen gut und wo er ganz schlecht war. Man hörte erleichtertes Aufatmen und tiefes Seufzen. Es war wie immer. Aber die Lehrerin reagierte nicht darauf und sagte: „Ihr habt zweimal fünfundvierzig Minuten plus eine zehnminütige Pause. In dieser Zeit müßte auch die Langsamste

89

unter euch fertig werden. Apropos langsam", sie blieb vor Nike und Carla stehen, „euch beide würde ich gerne auseinander setzen."

„Aber warum denn?" rief Carla verzweifelt.

„Weil ich verhindern möchte, daß ihr die Fehler voneinander abschreibt. Carla, du kannst da sitzen bleiben, aber Arnika möchte ich nach vorn setzen."

Sie schaute sich suchend um. Die Schüler hatten sich allerdings so verteilt, daß vorn gar kein Platz mehr war.

„Komm", sagte die Brühl und legte leicht ihre Hand auf Nikes Arm, „setz dich vorne an meinen Tisch."

Nike starrte die Lehrerin an. „An Ihren Tisch?"

Aber Frau Brühl lächelte so freundlich, daß Nike es eigentlich nicht für eine besonders raffinierte Art von Schikane halten konnte. „Es ist besser für dich, glaub mir. Du kannst dich besser konzentrieren. Ich bin sicher, daß du es diesmal schaffst."

„Ja?" fragte Nike verblüfft. Sie raffte ihre Sachen zusammen und setzte sich vor an den Tisch, allerdings mit dem Rücken zur Klasse. Vor ihren Augen, zum Greifen nah, war nur die Tafel, auf der überhaupt nichts stand. Eine leere Tafel mit Kreideschlieren, die der Schwamm hinterlassen hatte.

Draußen schien die Sonne. Die Klassenlehrerin ließ ein Fenster öffnen, und tatsächlich setzte sich eine Amsel auf das Fensterbrett und trillerte vor sich hin. Nike lächelte. Das ist bestimmt ein gutes Omen, redete sie sich ein. Dann schaute sie sich die Aufgaben an. Sekunde für Sekunde wurde ihr leichter ums Herz. Tatsächlich schienen die Aufgaben nicht besonders schwer zu sein. Nike hatte zum ersten Mal in diesem Schuljahr das Gefühl, es schaffen zu können.

„Na?" fragte Frau Brühl. Sie schaute Nike freundlich an. Nike hob den Kopf. „Ich glaub, es geht", murmelte sie. Und dann machte sie sich an die erste Aufgabe. Während der ganzen Zeit hatte sie dabei das Gefühl, daß Jan ihr über die Schulter schaute, daß er mißbilligend den Kopf schüttelte, wenn sie sich verrechnet hatte, und daß seine Augen strahlten, wenn die Lösung aufging. Nike konzentrierte sich voll auf die Arbeit. Sie hörte nichts mehr um sich herum. Bereits eine Viertelstunde vor dem Läuten gab Nike ihre Arbeit ab.

„Na bitte", sagte Frau Brühl, als wäre es ihr persönliches Verdienst. „Nun müssen die Lösungen nur noch stimmen."

„Die stimmen", erwiderte Nike ruhig.

Nike hatte ihre Großmutter während der letzten Wochen nicht gesehen. Plötzlich stand sie vor der Haustür, neben sich einen Koffer, eine Reisetasche und den Tragekorb für Balthasar, die Perserkatze.

Der Taxifahrer hatte ihr die Sachen bis vor die Haustür getragen. Dafür hatte er sicher ein großes Trinkgeld bekommen, dachte Nike. Das war Omas Art, sie hatte immer ein großes Herz.

„Hallo, Schätzchen", sagte die Großmutter fröhlich. „Du machst so ein erstauntes Gesicht – hat dir Hella nicht erzählt, daß ich heute komme?"

„Keinen Ton. Aber ich freu mich trotzdem! Was ist los? Hast du in deiner Wohnung einen Wasserrohrbruch?"

Nikes Großmutter hieß Franziska Diederichs, sie war die Mutter von Hella Ingwersen. Frau Diederichs, eine fröhliche temperamentvolle Frau, war in der Straße, in der sie seit dreizehn Jahren wohnte, für ihre Hilfsbereitschaft bekannt. Jeder konnte an ihrem Küchentisch seine Probleme abladen, seine Katze oder sein Baby übers Wochenende bei ihr abgeben. Im Sommer gab sie in dem kleinen Garten, der zu ihrer Wohnung gehörte, manchmal ein Fest, zu dem sie die ganze Nachbarschaft einlud. Überhaupt, fand Nike, immer war Oma von einer Lebensfreude, die geradezu ansteckend war.

Nike nahm den Tragekorb und schaute durch das Gittergeflecht. Balthasar hatte sich schmollend zusammengerollt, den Kopf zwischen den Vorderpfoten, und er sah Nike aus seinen bernsteinfarbenen Augen mit einer Mischung aus Skepsis und Verachtung an.

„Balthasar gefällt das wohl gar nicht", stellte sie fest. „Du hättest ihn fragen sollen, ob er zu uns kommen will."

„Hab ich doch", sagte die Großmutter fröhlich. „Und er hat Miau gesagt, und das heißt bei ihm soviel wie ja. Also, wo kann ich mich einquartieren?"

„Im Gästezimmer, nehme ich an. Aber wieso bist du überhaupt hier?"

Oma gab ihrer Enkeltochter einen schmatzenden Kuß. „Weil ich auf dich aufpassen soll, meine Kleine. Als Anstandswauwau oder Gouvernante, nehme ich an."

„Was?" fragte Nike verblüfft.

„Ja, deine Eltern fliegen doch morgen nach Kairo. Hast du das etwa vergessen? Zu diesem Fachärztekongreß."

Nike schlug sich gegen die Stirn. Klar, sie hatte gewußt, daß dieser Kongreß irgendwann stattfinden sollte. Aber in der letzten Zeit hatten die Eltern in ihrer Gegenwart nicht darüber geredet.

„Sie haben mir kein Sterbenswörtchen gesagt", meinte Nike beleidigt.

„Das war sicherlich Taktik. Deine Eltern wollten wahrscheinlich vermeiden, daß du irgendwelche Pläne machst, die ihnen nicht gefallen würden. Du weißt doch: Ist die Katze aus dem Haus, tanzen die Mäuse auf dem Tisch."

Nike lachte. Sie zeigte auf Balthasar. „Aber hier ist es doch umgekehrt! Die Katze kommt ins Haus, da verstecken sich die Mäuse. Da kommt Mami."

Hella Ingwersen kam mit aufgelöstem Haar und ganz atemlos vom Laufen herein. „Du bist ja schon da! Ich war gerade bei dir zu Hause, Mama, um dich abzuholen."

„Aber wir haben doch vereinbart, daß ich ein Taxi nehme, liebste Hella", sagte Nikes Oma mit mildem Vorwurf. „Hast du das schon wieder vergessen?"

„Und wieso hast du mir nicht erzählt, daß ihr nach Kairo fahrt?" fragte Nike vorwurfsvoll. „Ich denke, wir haben keine Geheimnisse voreinander."

Nikes Mutter seufzte. „Ach, sei nicht immer gleich eingeschnappt. Ich hätte es dir schon noch gesagt."

„Ach wirklich?" fragte Nike, immer noch ein bißchen beleidigt. „Und wann fahrt ihr?"

„Unsere Maschine geht morgen früh um neun. Wir haben eine Zwischenlandung in Rom... Hat dein Vater schon angerufen? Er wollte nachsehen, ob sein Paß in der Praxis liegt. Hier kann ich ihn nirgends finden."

Nike und ihre Oma warfen sich einen vielsagenden Blick zu. Hella Ingwersen wirkte so, als sollte man sie jetzt besser nicht mit weiteren Fragen belästigen. „Komm, Omi, ich helf dir", erklärte Nike.

„Ich bring den Koffer rüber, und dann machen wir mit Balthasar den ersten Erkundungsspaziergang durch die Wohnung."

„In Ordnung", sagte die Großmutter zufrieden. „Und dann brühen wir uns einen schönen Tee auf und setzen uns ganz gemütlich in dein Zimmer, und du erzählst mir, was es alles Neues gibt."

Nike war richtig froh, daß ihre Großmutter gekommen war. Ohne daß sie es ihren Eltern sagte, freute sie sich auch,

mal ein paar Tage – in Wirklichkeit waren es zwei Wochen, weil Nikes Eltern noch einen Abstecher in die Sahara gebucht hatten – ohne Eltern zu sein. Immer diese strengen und vorwurfsvollen Blicke, immer diese Fragen: „Wie war's in der Schule? – Habt ihr eine Arbeit geschrieben? – Hast du die Vokabeln gelernt? – Bist du in Mathe oder Physik drangekommen? – Hat die Lehrerin schon wieder etwas über dein Zeugnis gesagt?"

Nike brummte von den ewig wiederkehrenden Fragen, auf die sie die immer gleichen, nichtssagenden Antworten gab, schon der Kopf.

Ihre Oma, das wußte sie genau, würde sie nie mit solchen Fragen quälen. Oma wußte genau, daß Nike ihr von selbst alles erzählen würde.

„Oma", sagte Nike, als sie in ihrem Zimmer vor dem Teetablett saßen, „ich glaub, ich bin ein bißchen verknallt."

„Na toll! Ich hab's ja gleich geahnt."

„Wieso? Wieso hast du es geahnt?"

„In deinen Augen kann man es sehen."

„Was kann man da sehen?" fragte Nike.

„Das Strahlen. Das war vorher nicht da. So ein gewisses glückliches Leuchten."

Nike warf sich auf das Bett. „Aber ich bin überhaupt nicht glücklich, Omi! Wenn ich ehrlich sein soll, bin ich total unglücklich. Jeden Nachmittag diese blöde Büffelei für Physik und Mathe. Von Chemie will ich überhaupt nicht reden. Chemie laß ich einfach aus. Da ist es mir egal, ob sie mir eine Sechs reinhauen. In einem Fach kann ich mir ja einen Ausrutscher leisten, wenn ich in Mathe und Physik auf eine Vier komme. Aber es macht einen total fertig, Omi, jeden Nachmittag diese ewige Paukerei."

Die Großmutter lächelte. „Ich weiß, Kleines. Ich kann mir das sehr gut vorstellen. Ich hab die Schule auch gehaßt wie die Pest."

„Stimmt das? Papi hat mir gerade einen Vortrag darüber gehalten, daß alle Leute immer mit Wehmut an die Schule zurückdenken."

Die Großmutter schüttelte energisch ihren Kopf. „Überhaupt nicht wahr. Kein bißchen Wehmut empfinde ich. Für mich war Schule immer eine einzige Plackerei. Die Lehrer haben uns noch mit einem Stab auf die Finger geklopft, wenn wir nicht aufpaßten. Meine Nachbarin hat immer von mir abgeschrieben und trotzdem die besseren Noten gehabt. Der Englischlehrer konnte mich nicht leiden; ich weiß auch nicht, warum. Und jedesmal, wenn es eilig war, ging auf dem Schulweg gerade die Bahnschranke runter, und ich kam zu spät zum Unterricht. Es war schrecklich. Ich habe die Schule gehaßt."

Nike strahlte. „Ich hab's gewußt", sagte sie.

„Was hast du gewußt?"

„Du bist genau wie ich. Und ich bin wie du. Ich hab alles von dir geerbt. Mami sagt auch, daß ich genauso aussehe wie du auf den Kinderfotos."

„Ja, das ist wahr", sagte Nikes Großmutter. „Und wir haben noch etwas gemeinsam. Das heißt, du hast eine ganz besondere Leidenschaft von mir geerbt."

„Erzähl!"

„Na, kannst du dir doch denken: die Leidenschaft fürs Tanzen! Ich habe, als ich so alt war wie du, auch davon geträumt, eine berühmte Tänzerin zu werden. Ich hatte keinen anderen Gedanken im Kopf."

„Und?" fragte Nike. „Wie ging es weiter?"

Nikes Großmutter hob die Schultern. „Gar nicht. Bei einer Klassenfahrt hab ich einen Fahrradunfall gehabt und mir das rechte Bein gebrochen, und das ist nicht wieder so richtig zusammengewachsen. Aus... Aus der Traum, einmal eine große Ballerina zu sein."

Mitfühlend sah Nike ihre Großmutter an. „Das muß ja furchtbar gewesen sein!"

„War es auch. War es auch, Kleines!" seufzte die Großmutter tief. „Aber irgendwann kommt man natürlich darüber hinweg. Der Beruf als Schneiderin machte mir ja viel Spaß, wie du weißt, aber die erste Zeit – das war wirklich schlimm. Wenn jemand mich angeredet hat, bin ich sofort in Tränen ausgebrochen. Und wenn mir irgendwo das Wort ‚Ballett' unterkam, dachte ich, mein Herz bliebe stehen."

„Mir geht es genauso", sagte Nike leise.

„Eben." Die Großmutter legte zärtlich den Arm um Nikes Schultern. „Deshalb kann ich deinen Kummer so gut nachfühlen. Ich hab ja mit deinen Eltern geredet. ‚Das könnt ihr nicht machen', hab ich gesagt, ‚ihr könnt dem Kind doch nicht das Liebste verbieten, das es im Leben hat. Das ist doch grausam', hab ich gesagt."

„Und?" fragte Nike. „Was haben sie geantwortet?"

97

Nikes Großmutter hob die Schultern. „Nichts. Ich sollte mich da raushalten, haben sie gesagt. Ich hätte ein zu weiches Herz, ich würde ja immer auf deiner Seite sein und dich sowieso viel zu sehr verwöhnen." Sie strahlte. „Na, in den nächsten zwei Wochen, Kleines, werde ich das jedenfalls tun. Ich werde dich rundum verwöhnen."

„Du bist richtig süß", sagte Nike und stand auf und gab ihrer Großmutter einen dicken Kuß.

Nike atmete erleichtert auf, als ihre Eltern endlich abgereist waren. In der letzten Stunde vor dem Abschied wurde es so hektisch, daß Nike sich am liebsten in ihrem Zimmer verkrochen hätte, bis alles vorbei war.

Aber das ging natürlich nicht. Denn die größte Nervosität und Unruhe gab es offenbar ihretwegen.

„Wir können uns doch auf dich verlassen?" fragte Nikes Vater am Morgen bei dem eilig hergerichteten Frühstück.

Nike lachte. „Klar."

„Was heißt das: klar?" fragte ihr Vater irritiert.

„Klar könnt ihr euch auf mich verlassen! Ich bin bestimmt noch da, wenn ihr zurückkommt", antwortete Nike fröhlich. Allein der Gedanke, daß sie nun zwei Wochen lang nicht die ewigen Fragen nach der Schule ertragen mußte, stimmte sie ungeheuer heiter.

„Ach, Nike", seufzte ihre Mutter, „du nimmst das alles zu leicht."

„Ich nehm überhaupt nichts leicht", erwiderte Nike, „das ist es ja."

„Wir müssen einfach sicher sein, daß wir uns auf dich verlassen können", begann ihr Vater von neuem. „Ich meine, jetzt mit deinen fünfzehn Jahren wirst du den Sinn unserer Ermahnungen ja wohl einsehen, oder?"

„Darauf kommt es doch gar nicht an", sagte Nike.

„Worauf kommt es nicht an?"

„Ob ihr mir vertraut, darauf kommt es an. Aber vorsichtshalber habt ihr ja Omi als meinen Anstandswauwau engagiert."

„Kinder", meinte die Großmutter, „macht euch doch nicht so viele Gedanken. Nike und ich kommen bestimmt wunderbar miteinander aus. Vergeßt doch endlich mal die ganze Geschichte, und freut euch auf Ägypten! Hast du auch etwas gegen Durchfall und Kopfschmerzen mitgenommen, Hella?"

„Wofür bin ich mit einem Arzt verheiratet", erklärte Hella achselzuckend. Sie schaute ihre Tochter eindringlich an. „Ich hoffe, Nike, wir können uns auf dich in jeder Hinsicht verlassen."

„Tut mir bitte den Gefallen und steigt endlich ins Auto und fahrt zum Flughafen," sagte die Großmutter. „Man hält das wirklich nicht länger aus. Balthasar hat sich schon in den Garten geschlichen, obwohl er es haßt, bei Regen draußen zu sein..."

Nike und die Großmutter standen an der Haustür und winkten zum Abschied. Als das Auto um die Ecke gebogen war, fiel Nike der Großmutter um den Hals. „Endlich", rief sie erleichtert.

„So, jetzt gehen wir ins Haus zurück und beginnen noch einmal von vorn mit dem Frühstück, „schlug die Großmutter vor. „Und dann sagst du mir, was du heute mittag essen willst. Kommt Jan auch?"

„Jan?" fragte Nike verblüfft. „Zum Essen, meinst du?"

„Ja, warum nicht? Ich würde mich freuen, mal mit jungen Leuten Mittag zu essen. Außerdem weißt du, daß ich keine ganz schlechte Köchin bin."

„Du bist eine Superköchin", erklärte Nike strahlend. „Und eine supertolle Omi. Soll ich Jan einfach mal fragen?"

„Ja, tu das", sagte Oma. Und dann fügte sie hinzu: „Ich hoffe, es stört ihn nicht, daß plötzlich eine Katze im Haus ist."

„Er liiiebt Katzen!" rief Nike, obwohl sie keine Ahnung hatte, ob es auch wirklich stimmte. Balthasar war ins Haus zurückgekehrt. Er strich mit immer noch etwas beleidigter Miene um Nikes Stuhlbein herum. Nike bückte sich, um ihn zu streicheln, und er schnurrte behaglich.

„Also gut, dann machen wir heute mittag irgend etwas Raffiniertes", beschloß Oma. „Vielleicht Schweinefilets mit Champignons und Kartoffelgratin... Das schmeckt ganz lecker! Ob dem jungen Mann so etwas zusagt?"

Da hatte Nike keinen Zweifel. Sie wußte, daß Jan mittags fast nie etwas Richtiges aß, weil seine Eltern beide berufstätig waren und erst abends gekocht wurde.

An diesem Tag geschah dann allerdings etwas, was noch viel wichtiger war als die Abreise der Eltern oder das gemeinsame Mittagessen mit Jan.

Die Mathearbeiten wurden zurückgegeben. Es war die vierte Stunde. Eine Mitschülerin hatte die Klassenlehrerin in der Pause zufällig vor dem Lehrerzimmer getroffen. Sie kam mit der alarmierenden Nachricht ins Klassenzimmer gestürmt: „Die Brühl hat unsere Arbeiten schon korrigiert. Wir kriegen sie heute zurück!"

Nike spürte, wie ihre Zuversicht auf einmal dahinschwand. Bis eben hatte sie sich noch einreden können, daß die Arbeit sicherlich ganz gut gelaufen war, aber plötzlich spürte sie ein so flaues Gefühl im Magen, und die Angst kroch ihr den Rücken hoch.

Da trat Frau Brühl ins Klassenzimmer. Sie hatte wie immer diese schmale Schweinsledermappe bei sich, ein vornehmes Stück, auf das sie sichtlich stolz war. Wie jeden Tag legte sie die Mappe demonstrativ auf den Lehrertisch, ließ das Messingschloß aufschnappen, klappte den Deckel zurück und holte die Utensilien heraus, die sie für den Unterricht brauchte.

Diesmal kam aber nur ein Stapel loser Blätter zum Vorschein. Dabei schaute sie vielsagend in die Klasse. Ihr Gesicht war todernst und zeigte nicht den kleinsten Anflug von Heiterkeit.

„Diese Arbeit, meine Lieben", sagte sie mit beißender Deutlichkeit, „ist eine Katastrophe."

Nike blieb das Herz stehen. Sie nahm die Hände unter den Tisch und preßte sie zwischen die Knie. Ihre Fingerspitzen fühlten sich wie Eiszapfen an.

„Ich hatte eigentlich gedacht", fuhr Frau Brühl fort, „daß

wir die Aufgaben lange genug geübt haben. Deshalb verstehe ich nicht, wieso zwei Drittel von euch offenbar gar nicht wissen, wovon die Rede war."

Nike schloß die Augen. Lieber Gott, dachte sie, lieber Gott, mach, daß es nicht ganz so schlimm ist! Sie mußte plötzlich an Jan denken und an die unendliche Enttäuschung in seinem Gesicht, wenn sie ihm die Nachricht überbrachte. Sie stellte sich vor, wie mutlos es ihn machen würde. Natürlich würde er keine Lust mehr haben, noch weiter mit ihr zu arbeiten – wieso auch? Er würde die Achsel zucken und sagen: „Nike, du bist eben ein hoffnungsloser Fall. Da kann man nichts machen. In deinen schönen Kopf passen eben keine gescheiten Gedanken."

Dabei hatte sie eine Zeitlang gehofft, sie könnte es schließlich doch noch kapieren.

Und wenn er nun plötzlich nicht mehr käme? Wenn alles wieder so wäre wie früher, bevor sie ihn kannte? Nicht mehr die Nachmittage, wo sie in ihrem Zimmer saßen, sie neben ihm auf dem Stuhl, so nahe, daß sie sich immerfort mit den Schultern berührten und daß sie das Kitzeln seiner Haare an ihrem Gesicht spürte. Wie toll das war! Und die Teestunde, und wenn Jan etwas Lustiges erzählte, und wie er sie anschaute, wenn er sich verabschiedete. Dieser Blick, mit dem er sie begrüßte, wenn er kam. Und überhaupt...

Sie holte tief Luft, aber das verursachte einen merkwürdigen, stechenden Schmerz in der Brust. Mit brennenden Augen starrte sie die Lehrerin an, ohne zu verstehen, was sie sagte.

Dabei bewegten sich die Lippen der Lehrerin unaufhör-
lich. Nike zwang sich, zuzuhören. Wie durch eine Watte-
wand hörte sie schließlich Frau Brühl sagen: „Manchmal,
wenn man an einem Nachmittag, wo man ja ebensogut ein
schönes Buch lesen könnte oder eine Ausstellung besuchen,
solche Arbeiten korrigiert, wird man ganz mutlos. Dann
fragt man sich, wozu man eigentlich versucht, den Schülern
etwas beizubringen, wenn sie es ganz offensichtlich nicht
kapieren wollen. Ich sage absichtlich: nicht kapieren wollen.
Habt ihr darauf eine Antwort?"

Gesenkte Köpfe. Nur Torsten und Heiner, die beiden
Mathe-Asse der Klasse, schauten der Lehrerin siegesbewußt
in die Augen.

Frau Brühl stieß sich vom Lehrerpult ab. „Aber", fuhr sie
fort, während sie den Mittelgang entlang schlenderte, „wie
sagt doch das alte Sprichwort? ‚Wo viel Licht ist, ist auch
viel Schatten.' Das kann man umkehren und sagen: Wo viel
Schatten ist, da ist auch viel Licht. Und das sind dann die
Augenblicke, die einem Lehrer das Vertrauen in die Welt
zurückgeben. Arnika, ich habe mich über deine Arbeit ganz
besonders gefreut!"

Es dauerte einen Augenblick, bis Nike den Inhalt dieses
Satzes richtig begriff. Ganz langsam, im Zeitlupentempo,
hob sie den Kopf, und schaute in das lächelnde Gesicht der
Lehrerin.

„Diese Arbeit", sagte Frau Brühl, „ist die beste, die ich je
von dir gesehen habe in den zwei Jahren. Möglich, daß sie
sogar besser ist als die Arbeiten, die du bei meiner Vorgän-

gerin abgeliefert hast. Eine glatte Drei."

„Was?" flüsterte Nike. Sie konnte es einfach nicht fassen. „Eine Drei? Eine glatte Drei?"

„Ja", sagte Frau Brühl. „Beinah wäre es eine Zwei geworden, wenn dir nicht ein Flüchtigkeitsfehler unterlaufen wäre. Wenn du es nachher anschaust, wirst du dich ärgern. Aber es hat mir gezeigt, daß du die Aufgabe im Grunde begriffen hattest. Wirklich, Arnika, eine angenehme Überraschung."

Nike nickte. Sie war wie betäubt. Sie nickte, lächelte, sagte „danke", und dann wurde ihr auf einmal schwarz vor Augen.

„Ich habe es gewußt", sagte Jan. Seine Augen blitzten triumphierend, als er auf Nikes Mathearbeit starrte. „Ich habe gewußt, daß du es kannst!" Er warf die Blätter hoch und schaute zu, wie sie durch den Raum flatterten.

„Juchuh!" schrie er. „Sieg! Sieg!"

Nike saß auf ihrem Bett und genoß jede einzelne Sekunde. Sie hatte während des ganzen Mittagessens eisern geschwiegen, kein Wort über die Mathearbeit verloren. Die meiste Zeit hatte Großmutter gesprochen, die alles über Jan wissen wollte. Was sein Vater machte und was die Mutter tat, wer die Großeltern waren und ob er in seinem Leben schon mal Scharlach gehabt hätte. Wie Großmütter eben so sind.

Jan hatte das Verhör vergnügt über sich ergehen lassen, und es hatte sich schließlich beim Dessert herausgestellt, daß er Katzen tatsächlich mochte. Und was vielleicht noch wichtiger war: Balthasar mochte ihn auch, strich immerfort

schnurrend um seine Beine. Er folgte den beiden schließlich sogar bis zu Nikes Zimmer und schlüpfte noch im letzten Augenblick durch die Tür.

Nike wollte sich die Überraschung mit der Mathearbeit für den Augenblick aufsparen, da sie allein waren. Schließlich war das ihr gemeinsamer Sieg: Mit dem hatte kein Dritter etwas zu tun. Die Großmutter würde es dann später erfahren, und dann würde sie genauso stolz sein wie Nike und

Jan, das stand jetzt schon fest.

Aber dieser Augenblick war etwas ganz anderes. Nike lag auf dem Bett, den Oberkörper auf die Arme gestützt, die Beine baumelten vom Bettrand, und sie schaute den im Windhauch des offenen Fensters hin und her taumelnden Mathe-Seiten nach.

Es war wirklich ganz unglaublich: Sie hatte eine glatte Drei! Und so wenig Rotstift nur auf den Seiten! Auf einer Seite fast gar nichts. Und nur unten, auf der letzten Seite, die Worte der Lehrerin: Siehst du, Lernen lohnt sich!

Jan drehte sich zu Nike um. Er strahlte, und er schüttelte immer wieder, ganz fassungslos vor Begeisterung, den Kopf, während er sie ansah. „Unglaublich, wirklich. Ganz toll! Ich bin ja sooo stolz!" Und mit einem Triumphgeheul warf er sich neben Nike aufs Bett.

Nike konnte vor Glück kaum sprechen. Mehr noch als die glatte Drei freute sie sich eigentlich über Jans Freude. Es zeigte ihr, daß Jan wirklich Anteil genommen hatte, daß Jan während der ganzen Zeit genauso viel Angst vor dieser Arbeit gehabt hatte.

Ja, das waren aufregende Tage gewesen! Einen richtigen Bammel hatte sie gehabt. Und dann die Magenschmerzen in der Nacht vor der Klassenarbeit. Kein Wunder, daß ihr in der Schule von all der Aufregung dann plötzlich schwarz vor den Augen geworden war.

Jan drehte seinen Körper zu Nike herum. Sein Gesicht war ihrem jetzt ganz nahe. Er schaute ihr in die Augen, und allmählich verschwand das Lächeln. Er wurde auf einmal ganz verlegen, und dann sagte er mit ziemlich rauher Stimme: „Ich glaube, ich muß dir jetzt ganz einfach einen Kuß geben."

Und bevor Nike sich von dem Schreck erholen konnte, war es schon passiert.

Nike schloß ganz schnell die Augen, und als sie sie wieder öffnete, war alles vorbei. Jan hatte einen roten Kopf, und Nike, die noch nie vorher von einem Jungen einen Kuß bekommen hatte, dachte: Das war wunderschön! Aber laut sagte sie es lieber nicht. Sie versuchte, dieses Gefühl, das sie ein paar Sekunden lang gespürt hatte, noch etwas auszudehnen.

„Entschuldigung", sagte Jan verlegen, „ich hab dich ein bißchen überrumpelt. Tut mir leid, wenn es dir nicht recht war."

„Und was ist, wenn es mir recht war?" fragte Nike leise. Sie wagte nicht, Jan in die Augen zu schauen.

„Dann könnten wir das eventuell wiederholen, oder?" meinte Jan fröhlich.

Nike nickte nur. Sie schloß die Augen, wartete, bis sie seine Lippen auf den ihren spürte.

Jan legte seine Arme um ihre Schultern. Nike seufzte vor Glück. Am liebsten hätte sie die Zeit angehalten. Am liebsten wäre sie immer so liegengeblieben in Jans Armen.

Als sie allmählich die Augen wieder öffnete, schaute sie in das unergründliche, unbewegte Gesicht von Balthasar, der sie mit seinen schmalen, bernsteinfarbenen Augen musterte.

Irgendwie brachte Nike das zur Besinnung. Sie löste sich

aus Jans Armen und sagte: „Ich glaube, es ist besser, wenn wir uns wieder an den Schreibtisch setzen. Meine Oma könnte sonst noch auf wer weiß was für Gedanken kommen."

„Stimmt", sagte Jan und stand sofort auf. Verlegen fuhr er sich mit den Händen durch die Haare.

Nike nahm seine Hand.

„Ich hab eine Frage", sagte sie.

„Mhm?" Jan lächelte sie an. Er wirkte richtig glücklich, fand Nike. Sein Lächeln war ganz anders als sonst, weicher.

„Hast du mich nur geküßt, weil ich eine glatte Drei bekommen habe?" fragte sie.

„Was gäbe es denn sonst deiner Meinung nach für einen Grund?"

Nike verdrehte die Augen. „Na ja", sagte sie vorsichtig, „könnte ja auch sein, daß du mich magst... oder so."

„Oder so", sagte Jan.

„Oder was?"

„Ja eben... oder so. Weil ich dich mag oder so."

Nike seufzte. „Du bist manchmal ein richtiger Clown, Jan. Ich weiß überhaupt nicht, was du wirklich denkst."

„Klar weißt du das."

„Dann sag es mir."

Jan bückte sich, um Balthasar zu streicheln. So mußte er Nike nicht ansehen. „Ich mag dich einfach", murmelte er.

Nike wurde vor Freude ganz heiß. „Wirklich?" flüsterte sie.

Jan nickte stumm. Er streichelte immer noch Balthasars seidiges Fell.

„Und deine Freundin?" fragte Nike. Sie sprach so leise, daß Jan sie kaum verstehen konnte.

Jan hörte nicht auf, die Katze zu streicheln. „Das weiß ich auch nicht", sagte er dumpf.

Nikes Herz schlug schneller. Sie hatte Angst gehabt, diese Frage zu stellen, aber sie wußte genau, daß sie sich später ohrfeigen würde, wenn sie jetzt nicht weiterfragte.

„Du bist ziemlich in sie verliebt, nicht?"

Jan hob die Schultern. „Ich war ziemlich in sie verliebt."

„Soll das heißen, es ist aus?"

Jan schüttelte den Kopf. „Nicht richtig."

„Was heißt das?"

„Das heißt...", sagte Jan, während er sich mühsam wieder aufrichtete und sich zwang, Nike anzuschauen, „daß es von meiner Seite gesehen aus ist, aber von ihrer aus noch nicht."

Es dauerte einen Augenblick, bis Nike verstand, was er meinte. Dann nickte sie.

Jan wirkte verlegen, beinahe unglücklich. Er ging zum Schreibtisch und blätterte im Mathebuch.

Nike trat hinter ihn und legte ihre Arme um seinen Körper.

„Entschuldige", flüsterte sie. „Ich bin blöd. Tut mir leid. Komm, ich sag dir, welche Aufgaben diese Woche drankommen."

Und dann redeten sie über die Schule, als wäre nichts gewesen. Nur daß Nikes Herz ein bißchen anders schlug als vorher...

*

Nike saß mit ihrer Großmutter vor dem Fernseher. Sie hatte ihr Stoffschäfchen an sich gepreßt, die Beine hochgezogen und starrte, ohne wirklich etwas zu sehen, auf den Bildschirm.

Die Großmutter flickte die Jeans, die Nike mit soviel Sorgfalt an den richtigen Stellen etwas zerrissen hatte. Aber es war sinnlos, über so etwas mit der Großmutter zu diskutieren. Manchmal warf Nike einen Blick auf den anderen Sessel, dann sah sie, wie die Großmutter gerade mit den Zähnen einen hellblauen Nähseidenfaden durchbiß, um sich dann kopfschüttelnd dem nächsten Problem zuzuwenden.

Plötzlich, ganz übergangslos, weil im Fernsehen gerade ein Film über junge Leute und ihre Probleme gezeigt wurde, fragte die Großmutter: „Liebst du ihn?"

Nike schrak hoch. „Was?"

„Ich meine, liebst du diesen Jan?"

„Hm", machte Nike, die Augen starr auf den Bildschirm gerichtet.

„Hm ist keine Antwort."

„Möglich", murmelte Nike.

„Das habe ich mir gedacht. Nun kommt aber die zweite Frage: Wenn du dich entscheiden müßtest: Entweder Tanzen oder Jan – was würdest du tun?"

Nike starrte ihre Großmutter an. Die stach mit der Nadel gerade wieder in den Jeansstoff, ohne noch einmal hochzublicken. „So eine Entscheidung gibt es gar nicht", sagte Nike. „Das eine hat mit dem anderen doch gar nichts zu tun."

110

„Ich würde es nur mal gerne wissen", beharrte die Großmutter.

„Meine Güte!" Nike streckte die Beine aus und ließ die
Fußspitzen kreisen. Sie zog das rechte Bein an und drehte
den linken Fuß ganz nach außen. So weit, bis es schmerzte.
„Man kann doch auch tanzen und verliebt sein", sagte sie
starrköpfig.

„Aber wenn es nun so wäre. Sei doch nicht so stur, Nike.
Wenn es nun so wäre, daß du dich für eines entscheiden
müßtest. Was würdest du tun?"

Nike zog das linke Bein an und drehte den rechten ausgestreckten Fuß nach außen. „Ich weiß ja gar nicht, ob ich
richtig in Jan verliebt bin", sagte sie schließlich.

Die Großmutter biß einen Faden ab.

„Außerdem kann man ja auch in verschiedene Jungen verliebt sein", sagte Nike stockend, so als dächte sie zum ersten
Mal über dieses Problem nach. „Ich meine, jetzt ist man
vielleicht in einen Jungen verliebt, der Jan heißt, und nächstes Jahr ist man vielleicht in einen Jungen verliebt, der Mat-
thias heißt oder Benjamin oder was weiß ich. Aber das Tanzen, das ist einmalig. Ins Tanzen ist man immerzu verliebt.
Das ist ja ein Teil von mir. Das ist etwas anderes."

„Also?" fragte die Großmutter.

„Also", sagte Nike, während sie ihr Stoffschäfchen noch
fester an sich preßte. „Also würde ich mich fürs Tanzen entscheiden."

Die Großmutter legte die Jeans zur Seite. Sie legte die
Nähseide wieder zurück und setzte den Deckel auf das Näh-

kästchen. „So", sagte sie, „deine Jeans sind wieder einigermaßen vorzeigbar."

„Danke", sagte Nike, obwohl sie am liebsten gesagt hätte, daß die Hose ihr vorher besser gefallen hatte. „Aber warum hast du mich das eben gefragt?"

Die Oma lächelte. „Ich wollte wissen, ob dir das Tanzen wirklich so wichtig ist."

„Aber Omi, das hab ich doch tausendmal gesagt: Es ist das Wichtigste in meinem Leben! Das einzige, was mich interessiert. Wenn ich nicht Tänzerin werden kann, dann will ich überhaupt nichts werden."

Nikes Oma stand auf. Sie drückte einen Kuß auf Nikes Haare und sagte: „Das gefällt mir! So wie du bin ich auch mal gewesen. Ach, schade, daß man nicht wieder jung werden kann."

Als Nike zwei Tage später aus der Schule kam und ihre Zimmertür öffnete, glaubte sie zu träumen. Da lagen auf ihrem Bett ein Paar Spitzenschuhe, ganz neu, blaßgelb mit weißen Seidenrändern, und ein Gymnastikanzug aus leuchtend rotem Trikotstoff.

„Omi!" schrie Nike. Sie rannte aus dem Zimmer, stürzte in die Küche, aber die war leer, dann ins Gästezimmer, da lag nur Balthasar zusammengerollt auf dem Sessel und öffnete schläfrig die Augen. Schließlich fand Nike ihre Großmutter im Keller, wo sie gerade die Marmeladengläser zählte. „Dreiundzwanzig, vierundzwanzig ..." Sie drehte sich zu Nike um. „Kannst du mir mal sagen, warum deine Mutter mich immer bittet, Marmelade einzukochen, wenn ihr sie doch nie eßt?"

Nike warf sich ihrer Großmutter an den Hals. „Omi", rief sie atemlos, „das ist ja wahnsinnig, einfach toll! Ich ... ich weiß überhaupt nicht ..."

Sanft schob die Großmutter Nike zur Seite. „Natürlich ist es wahnsinnig. Da hast du ganz recht. Wahrscheinlich werden deine Eltern mich nie wieder als Aufpasser engagieren. Sie werden mich auf Lebenszeit für unfähig erklären, mit einem fünfzehnjährigen Mädchen umzugehen. Aber ich mußte es einfach tun."

„Und warum?" fragte Nike. Sie hatte vor Aufregung einen ganz heißen Kopf.

„Ich bin heute morgen in der Ballettschule gewesen. Ich hab es einfach nicht mehr ausgehalten. Ich wollte mal die Ballettlehrerin sprechen, mal hören, wie die so darüber denkt."

„Und?" fragte Nike atemlos.

Die Großmutter lächelte. „Nun, sie sagt, du seist sehr begabt. Sie sagt, du bist die beste Schülerin, die sie in den letzten zehn Jahren trainiert hat."

Nike starrte ihre Großmutter an. „Hat sie das wirklich gesagt?"

„Hat sie. Und dann hat sie auch noch gesagt, daß sie sehr besorgt ist, wie es weitergehen soll. Lange Trainingspausen in deinem Alter, hat sie gesagt, seien Gift. Denn jetzt ist eigentlich die Zeit, wo du schon für größere Rollen proben müßtest."

„Das weiß ich doch!" rief Nike verzweifelt. „Das hab ich Mami und Papi ja auch erklärt. Aber sie haben gesagt, das kann man alles nachholen. Sie verstehen das nicht, Omi!"

Nikes Großmutter nahm ein Marmeladenglas, auf dem „Aprikosen" stand, schob Nike aus dem Keller und knipste das Licht aus. „Nun, jetzt hast du ja jemanden, der dich versteht. Und heute nachmittag um drei gehst du zu Mademoiselle Veronique, und dann bekommst du eine Einzelstunde, die ich bezahle, und ich setz mich ganz still in die Ecke und schau zu."

Nike hatte mehr als vier Wochen nicht mehr getanzt. Während sie zur Ballettschule ging, überkam sie plötzlich die Angst, daß alles zu spät sei, daß sie alles verlernt und ihre Gelenkigkeit eingebüßt habe und die Sicherheit der Balance verloren wäre.

Ich habe Lampenfieber, dachte sie, als sie sich der Ballettschule näherte. Ihr Herz klopfte zum Zerspringen, und in ihrem Kopf verschlangen sich die Musikstücke, nach denen sie getanzt hatte, zu einem unentwirrbaren Knäuel. Immer wieder bildete sie sich ein, nicht mehr tanzen zu können, und ihre Verzweiflung nahm von Schritt zu Schritt zu.

Sie war froh, daß ihre Großmutter sich entschlossen hatte, erst etwas später nachzukommen. Ihr unbekümmertes Geplapper hätte sie bestimmt noch mehr verstört. Und wie hätte sie Oma von den Ängsten erzählen können? Sie hätte sie sicher ausgelacht. Alles nur Hirngespinste, hätte sie gesagt. Aber Nike wußte nur zu gut, wie schnell man beim Tanzen die Kondition verliert, wenn man nicht im Training bleibt. Mit Panik dachte sie an jene vier Wochen zurück, als sie wegen der Blinddarmoperation nicht hatte trainieren können. „Steifbeinig wie ein frischgeborenes Fohlen kommst du daher", hatte Mademoiselle Veronique verzweifelt gerufen. „Was ist los, Nike? Wieso hältst du den Kopf so steif? Und was ist mit deinen Armen? Trägst du Eisenkugeln in den Händen? Und warum lächelst du nicht? Du mußt lächeln, lächeln!" Und dabei hatten Nike von der Anstrengung die Tränen in den Augen gestanden ...

Nike überquerte die Straße und stand schließlich vor der Hofeinfahrt. Sie betrachtete das Messingschild, und ihr fiel wieder der Nachmittag ein, als sie hier schon einmal gestanden hatte, allerdings ohne Ballettsachen, und wie verzweifelt sie damals gewesen war. Aber an jenem Nachmittag hatte sie Jan kennengelernt.

Diesmal war sie nicht verzweifelt, sondern voller Angst. Sie fühlte sich so steif, so ungelenk. Am Abend hatte sie im Bad ein paar einfache Übungen versucht, aber nichts, gar nichts, war ihr auf Anhieb geglückt, nicht die einfachsten Positionen.

„Arnika!" rief jemand aus einem geöffneten Fenster im ersten Stock. „Komm herauf! Erste Tür rechts."

Nike schaute hoch. Das kleine, freundliche Gesicht von Mademoiselle Veronique, die sich weit aus dem Fenster lehnte und dabei fast den schwarzen Schal verlor, den sie immerzu um die Schultern trug, weil es ihr in diesem schrecklichen Land, wie sie sagte, immer viel zu kalt war. Mademoiselle Veronique war Französin, aber sie war in Algerien geboren, am Rande der Wüste. Ihre Eltern hatten eine Orangenplantage besessen, und sie hatte ihren ersten Tanzunterricht in der Oper von Algier bekommen. Nike winkte zurück und lief die Treppenstufen hinauf.

Mademoiselle Veronique erwartete sie in einem ganz neuen, mit schönem Parkett ausgelegten Ballettsaal, der hohe große Fenster hatte und auf der anderen Seite eine mindestens dreißig Meter lange Ballettstange. Hinten, am Ende des Raumes, stand der Flügel, ein riesiger schwarzer Konzertflügel. Daneben auf einer Holzbank die Stereoanlage. Die Lautsprecherboxen waren über den ganzen Raum verteilt. Als Nike eintrat, hörte sie Musik aus *Giselle*. Ein wunderschönes Stück, ein romantisches Stück, eine Liebesgeschichte zum Träumen. Nike hatte die Musik so oft gehört, daß sie sie auswendig kannte, aber heute war sie geradezu berauscht davon.

Mademoiselle Veronique, in ein schwarzes Trikothemd und einen langen, dünnen, schwarzen Wollrock gekleidet, lehnte am Heizkörper. Sie hatte das Wolltuch jetzt um die Hüften gebunden und sah ein bißchen wie eine Carmen aus, eine schwarzgekleidete Carmen. Ihre grauen Haare waren streng zu einem Knoten im Nacken zurückgebunden, und als sie jetzt auf Nike zueilte, mit den nach auswärts gedrehten Fußspitzen und diesem leichtfüßigen, tänzelnden Schritt, der ihren Rock um die Beine schwingen ließ, wirkte sie wie die schönste Tänzerin der Welt.

Nike fiel Mademoiselle Veronique in die Arme. Sie spürte, wie ihr die Tränen in die Augen stiegen, und sie versuchte verzweifelt, das Schluchzen zu unterdrücken. Aber Mademoiselle Veronique spürte unter ihren Händen das Zucken von Nikes Rücken und nahm Nikes Gesicht in die Hände und küßte es zärtlich.

„Schön, daß du wieder da bist", sagte sie sanft. „Wahrscheinlich hast du jede Nacht vom Tanzen geträumt, ja?"

Nike nickte. Sie lächelte ihre Lehrerin durch einen Tränenschleier an. „Jede Nacht", flüsterte sie.

„Ach, ich weiß, wie das ist, ich weiß das. Niemand kann das verstehen, der nicht selber tanzt. Ich habe versucht, es deinen Eltern zu erklären, aber die hören nur auf die Lehrer in der Schule … Auf eine alte Ballettlehrerin hören sie nicht."

„Ich hab alles versucht", sagte Nike. „Aber sie wollen unbedingt, daß ich das Abitur mache."

„Ja, ja, eine Ärztin soll aus dir werden. Eine strenge Frau im weißen Kittel, die mit ernster Miene den Krankenhausflur entlanggeht, ein Stethoskop um den Hals, und überall der Geruch von Desinfektionsmittel und Medikamenten. Ärztin zu sein ist bestimmt einer der verantwortungsvollsten Berufe der Welt. Und für den, der dafür begabt ist, sicher auch einer der schönsten. Aber die Welt braucht auch Tänzerinnen. Wir wollen in weißen Schleiern auf der Bühne tanzen, und die Luft soll voller Rosenduft sein, nicht wahr? Und überall Scheinwerfer und festliche Stimmung und Musik und das Rauschen des Beifalls …"

Nike hörte der Lehrerin fasziniert zu. Sie liebte den französischen Akzent und die schwärmerische Sprache der Lehrerin. Sie fand, es paßte ganz einfach zu ihr.

Wenn es um die Arbeit ging, war Mademoiselle Veronique jedoch keineswegs schwärmerisch. Da war sie streng, beinahe grob, und unbarmherzig rügte sie jeden Fehler.

„Wie findest du diesen Saal?" fragte die Lehrerin, während sie die Arme ausbreitete und ein paar tänzelnde Schritte auf dem Parkett machte. „Er ist vor einer Woche fertig geworden. Er hat mich ein Vermögen gekostet. Aber er ist sehr viel schöner als der Saal im Erdgeschoß, findest du nicht? Unten werde ich die Anfänger trainieren – und hier oben meine Stars." Sie strahlte Nike an. „Und vor allen Dingen dich, Arnika. Hast du viel verlernt?"

„Wahrscheinlich alles", sagte Nike kläglich.

„Ach, Unsinn. Alles kann man gar nicht verlernen." Sie klatschte in die Hände. „Also, zieh dich rasch um. Ich lege inzwischen eine andere Musik auf. Die Stereoanlage ist neu. Hat auch ein Vermögen gekostet. Ich frage mich, warum ich soviel Geld in diese Ballettschule investiere. Ich sollte nach Algerien zurückgehen und Orangenbäume in der Sonne pflanzen. Da würde ich wenigstens nicht mehr frieren."

Nike lachte. „Das geht doch gar nicht."

„Wieso geht das nicht?"

„Weil für Sie das Tanzen ja noch viel wichtiger ist als für mich."

Mademoiselle Veronique lächelte wehmütig. „Bei mir ist das anders", sagte sie. „Ich werde kein großer Star auf der Bühne mehr sein. Meine Zeit ist vorbei. Ich kann nicht mehr von Ruhm und Blumenbouquets träumen wie du."

Nike wußte nicht, was sie darauf erwidern sollte. Stumm kleidete sie sich um.

Dann stellte sie sich, wie sie es gelernt hatte, mit kerzengerader Wirbelsäule und leicht auswärts zeigenden Fußspitzen vor der Lehrerin auf. „Da bin ich."

Mademoiselle Veronique nickte. „Also los", sagte sie. „Die Positionen. Erste, zweite, dritte, vierte, fünfte."

Nike konzentrierte sich. Die Lehrerin betrachtete kritisch jede ihrer Bewegungen. „Gut", sagte sie. „Und jetzt an die Stange. Demi-Plié, erste Position!"

Nike wußte, daß sie immer noch viel zu steif war, daß ihre Bewegungen nicht präzise genug ausgeführt waren, und sie fragte sich, warum Mademoiselle Veronique sie nicht korrigierte.

Irgendwann, als sie einen richtigen Patzer machte, hörte Nike erschöpft auf, strich sich die Haare aus der Stirn und sagte: „Ich bin schlecht. Ich bin heute so verdammt schlecht. Warum sagen Sie nichts?"

Mademoiselle Veronique lächelte. „Das kommt schon wieder, Chérie", sagte sie. „Du mußt nicht so ängstlich sein. Das kommt alles wieder. Du kannst es doch!"

Nike war so intensiv bei der Arbeit, daß sie nicht hörte, wie die Tür sich öffnete und ihre Großmutter hereinkam. Sie versuchte gerade eine Folge von Tanzschritten, die Mademoiselle Veronique ihr zu ein paar Takten einer Haydn-Sonate vorgetanzt hatte. Es war eine besonders komplizierte Schrittfolge mit schwierigen Drehungen.

Von Nike unbemerkt schlich sich die Großmutter auf Zehenspitzen zu einem der Holzstühle. Sie setzte sich, ohne den Mantel aufzuknöpfen oder den Hut abzunehmen. Sie verließ das Haus nie ohne Hut. Ihre Freundin war Modistin und entwarf tollkühne Kreationen für sie.

Mademoiselle Veronique klatschte in die Hände. „Gleich noch einmal, Nike. Keine Pause."

Sie spulte das Band zurück und ließ die Melodie noch einmal erklingen, und sofort hob Nike, wie es ihr gezeigt wurde, die Arme über den Kopf, beugte den Rumpf nach hinten, streckte das linke Bein vor, ganz gerade, stellte sich auf die Zehenspitze ...

„Ach", seufzte Nikes Großmutter, „ist das schön!"

„Pssst." Mademoiselle Veronique hielt mahnend den Zeigefinger an die Lippen, und sofort war die Großmutter wieder stumm. Beinahe andächtig verfolgte sie den kurzen Tanz, und als Nike fertig war und ganz erschöpft zusammensackte, wagte sie nicht zu applaudieren oder irgend etwas zu sagen.

Dafür sprach die Ballettlehrerin. Sie ging auf Nike zu und reichte ihr ein Frotteetuch. „Wisch dir den Schweiß ab", sagte sie sanft, „und zieh die Spitzenschuhe wieder aus. Sie sind neu. Du mußt dich langsam eintanzen."

Dankbar nahm Nike das Handtuch. „Wie war ich?" fragte sie.

Die Lehrerin lächelte. „Gut. Sehr gut."

„Wirklich?" fragte Nike zweifelnd. Sie hatte zwar selber das Gefühl, daß sie sich im Laufe der Stunde immer mehr gesteigert hatte, aber so ganz genau wußte man das selber nie.

„Wirklich sehr gut", sagte die Lehrerin. „Du hast nichts verlernt. Gott sei Dank!"

Nike wurde sofort rot vor Verlegenheit. Im Gehen zog sie die Spitzenschuhe aus. Dann entdeckte sie ihre Großmutter. „Ich hab dich gar nicht kommen sehen", sagte sie.

„Das solltest du ja auch nicht. Ich hab mich hereingeschlichen wie ein Mäuschen und hab zugeschaut. Es hat wunderschön ausgesehen."

„Du übertreibst mal wieder", sagte Nike. „Das war doch nur Training."

„Aber mit so viel Grazie! Ich hab gar nicht gewußt, daß du dich so geschmeidig bewegen kannst."

„Nike ist ein Naturtalent", sagte Mademoiselle Veronique. „Es würde mir so einen Spaß machen, sie auf ihrem weiteren Weg zu geleiten."

Nikes Großmutter schaute erstaunt auf. „Was meinen Sie damit?"

„Ich meine den Weg zu einer richtigen Tänzerin."

„Glauben Sie denn wirklich, daß Arnika so etwas könnte?" fragte Nikes Großmutter.

Mademoiselle Veronique hob die Schultern. „Natürlich kann es Komplikationen geben. Man weiß nie, wie gut die Sehnen sind bei einer größeren Belastung oder wie ein Tänzer den Erfolgsdruck seelisch verkraftet. Man weiß das vorher nie genau. Ich kann auch nicht beurteilen, ob Nike wirklich das Zeug zur absoluten Weltspitze hat. Und natürlich möchte man immer, wenn man tanzt, einmal Weltspitze sein."

„Mit Barischnikow in New York arbeiten", sagte Nike schwärmerisch, „das müßte wahnsinnig toll sein!"

„Und wer ist Barischnikow?" fragte Nikes Oma.

„Ein berühmter Tänzer. Ein wunderbarer Tänzer", erklärte Mademoiselle Veronique. Sie legte den Arm um Nikes Schultern. „Ich verstehe, daß du davon träumst. Ich selbst schwärme auch von ihm." Sie gab Nike einen freundschaftlichen Klaps. „Jetzt mußt du dich anziehen, Arnika, meine nächsten Schüler kommen gleich."

Gehorsam entfernte Nike sich. Sie sah, daß die Ballettlehrerin noch mit ihrer Großmutter sprach, sie sah auch, daß ihre Großmutter etwas erwiderte, aber sie konnte kein einziges Wort verstehen.

Auf dem Heimweg war die Großmutter sehr wortkarg. Nikes Fragen kommentierte sie nur mit einem kurzen Knurren, das zeigte, wie weit entfernt sie mit ihren Gedanken war.

Schließlich gab Nike es auf, und sie legten den letzten Teil des Weges schweigend zurück.

Als sie in der Garderobe ihre Sachen aufgehängt hatten, fragte Nike mehr oder weniger aus Höflichkeit, weil sie ihrer Großmutter eine Freude machen wollte: „Spielen wir nachher eine Partie Rommé?" Ihre Oma liebte Kartenspiele.

Aber an diesem Tag schüttelte sie nur den Kopf. „Ich hab keine Zeit, Kleines", sagte sie. „Geh lieber in dein Zimmer, und tu was für die Schule."

„Du redest genau wie Papi und Mami", sagte Nike schmol-

123

lend. „Wieso hast du keine Zeit? Was mußt du denn tun?"

„Nachdenken", sagte Nikes Oma, als wäre damit alles gesagt.

Nike ging mit einem Becher heißer Schokolade – sie hatte plötzlich einen unbändigen Appetit darauf – in ihr Zimmer. Aber sie schlug nicht die Schulbücher auf, sondern nahm ihr Tagebuch mit ins Bett.

Sie schraubte den Kuli auf und begann zu schreiben:

Zum ersten Mal seit vier Wochen habe ich wieder mit Mademoiselle Veronique gearbeitet. Ach, ich kann gar nicht sagen, wie wunderbar es war! Einfach ein Traum! Zuerst kam ich mir so schwerfällig vor wie ein Stück Sperrholz, kantig und eckig und ohne irgendeine fließende Bewegung zustande zu bringen. Ich dachte schon, ich geb's auf. Ich war wirklich ganz verzweifelt. Und weil ich so verzweifelt war, hab ich mich immer noch mehr verkrampft, und so wurde es von Minute zu Minute schlechter, schrecklich! Ich hätte weinen können! Aber Mademoiselle Veronique ist wirklich ein Schatz. Sonst ist sie immer so streng und kennt keine Gnade. Aber heute hat sie wohl gefühlt, was mit mir los ist, und mich immer nur gelobt und ermuntert weiterzumachen. Sie hat getan, als wenn sie meine Fehler gar nicht bemerkte. Dabei bin ich sicher, daß sie alle gesehen hat. Die Füße nie richtig gespreizt, die Knie nie ganz vollkommen durchge-

124

drückt, das Kreuz nie wirklich kerzengerade. Ich hab's genau gespürt, aber sie hat nur gelächelt und genickt, und auf einmal war es, als wenn ein Knoten sich löst: Es ging alles wie von selbst, und ich fühlte mich wieder ganz leicht, und jeder Sprung gelang – und sogar die Pirouette! Es war ein himmlisches Gefühl. Allerdings weiß ich überhaupt nicht, wie es nun weitergehen soll ...

In dieser Nacht wachte Nike mit heftigen Rückenschmerzen auf. Zuerst dachte sie, sie hätte diesen Schmerz nur geträumt. Doch dann wurde ihr allmählich klar, daß er wirklich existierte. Sie richtete sich auf, und der Schmerz ließ etwas nach. Vorsichtig ließ Nike sich aus dem Bett auf den Boden rollen. Sie legte sich flach auf den Bauch und atmete tief ein und aus. Dann ging sie auf die Knie, machte ganz langsam einen Katzenbuckel, so wie sie es in der Entspannungs-Gymnastik gelernt hatte, den Rücken ganz rund, die Nase fast bis auf den Boden. Dann das Rückgrat ganz durchgedrückt, Kopf in den Nacken. Noch einmal Katzenbuckel. Dann ganz langsam wieder in die Bauchlage. Tatsächlich – der Schmerz ließ nach.

Während der Übungen hörte Nike deutlich das Ticken ihrer Armbanduhr. Es war beinahe wie ein Pulsschlag oder wie das Klopfen ihres Herzens. Es hatte etwas Beängstigendes, so daß Nike die Uhr schließlich abnahm und neben sich auf den Boden legte. Als ihr Blick irgendwann zufällig auf das Leuchtzifferblatt fiel, war es Viertel nach fünf.

Nike kroch in ihr Bett zurück und schlief augenblicklich ein. Als sie am nächsten Morgen erwachte, waren die Rückenschmerzen wie weggeblasen. Das einzige, was sie spürte, war ein Muskelkater in den Oberschenkeln. Aber das störte sie nicht im geringsten, ganz im Gegenteil. Er erinnerte sie bei jedem Schritt an die Freude, die sie beim Training verspürt hatte.

In ausgelassener Stimmung und mit heiterster Miene machte sie sich auf den Schulweg.

Kurz bevor sie in den schmalen Fußweg einbog, der eine Abkürzung vom Schulhof war, traf sie Jan. Er hatte eine neue Klingel an seinem Fahrrad angebracht, die eher wie eine Alarmglocke klang, und Nike hätte beinah vor Schreck ihre Schulbücher fallen gelassen, als Jan das Fahrrad dicht neben ihr zum Stehen brachte.

„Hast du mich erschreckt!" rief Nike.

„So? Wie kann das angehen? Du mußt doch jede Sekunde damit rechnen, daß ich auftauche!"

„Wieso?" fragte Nike amüsiert.

„Na, weil ich jede Sekunde darüber nachdenke, wie ich dich treffen kann. Oder meinst du, das geschieht immer rein zufällig, daß wir uns begegnen, beim Einkaufen zum Beispiel oder wenn du in die Bibliothek rennst? Alles von mir genau einkalkuliert ... Wie war's gestern beim Tanzen?"

Nike sah ihn überrascht an. „Woher weißt du denn das?"

„Von dieser sympathischen Frau, die behauptet, deine Großmutter zu sein. Glaubt natürlich kein Mensch. Wahrscheinlich ist sie so eine Art gute Fee. Ich hab gestern ange-

126

rufen, da warst du gerade nicht da. Sie hat mir unter dem Siegel der Verschwiegenheit alles erzählt."

„Und?" fragte Nike. „Was sagst du dazu?"

Jan wiegte den Kopf. „Bedenklich, bedenklich. Vom pädagogischen Standpunkt aus. Deine Eltern stehen wahrscheinlich kopf, wenn sie das erfahren."

„Meine Eltern sind unsportlich", erklärte Nike, „die machen nie einen Kopfstand."

„Also gut." Jan grinste. „Dann ist die Gefahr ja schon mal gebannt. Ich dachte schon, ich muß eine Großpackung Aspirin besorgen." Er wurde plötzlich ernst. „Aber wenn ich ganz ehrlich bin, ich weiß tatsächlich nicht, ob ich das gut finde."

„Was?" fragte Nike verblüfft. Sie starrte Jan an.

Jan hob die Schultern. „Wäre irgendwie besser gewesen, wenn du noch gewartet hättest, bis wir dich aufgepäppelt haben. Schulmäßig meine ich. Deine Drei in Mathe steht ja auf ziemlich wackeligen Beinen."

Nike nickte düster. „Ich weiß. Mußt mich nicht daran erinnern. Mir ist schon klar, daß ich weiterpauken muß."

Jans Gesicht erhellte sich. „Also, das wollte ich nur wissen. Heute nachmittag um vier – wie immer?"

Nike nickte. „Na klar. Vier Uhr, wie immer."

In der zweiten Schulstunde gab es dann die kalte Dusche. Dr. Rentsch, der Physiklehrer, schlenderte händereibend in den Physiksaal. Er ließ seinen Blick über die Köpfe der Schüler schweifen und nickte fröhlich. „Ihr Lieben", sagte er

mit der sanften Stimme, die in der Schule so gefürchtet war, „ich habe eine hübsche kleine Überraschung für euch."

Nike spürte, wie ihr Magen sich zusammenzog. Wenn Dr. Rentsch seine Schulstunde so begann, verhieß das immer Unheil. Sie hielt den Atem an und starrte wie gebannt auf den Lehrer, der jetzt an die Tafel ging und eine endlos lange Gleichung aus dem Gedächtnis aufschrieb.

„Nehmt inzwischen", sagte er, während er unbeirrt weiterschrieb, „eine Seite aus eurem Ringbuch, schreibt oben rechts euren Namen hin und links die Klasse, und dann dürft ihr schon beginnen, die Gleichung abzuschreiben. Eine wunderhübsche Gleichung, ein Leckerbissen für alle unter euch, die physikalische Gesetze so spannend finden wie einen Fernsehkrimi. Was ich von euch erwarte, ist nur, daß ihr den Beweis erbringt, daß die Gleichung richtig ist."

Die Schüler stöhnten. Jemand rief „buh", und ein paar begannen mißbilligend mit den Füßen zu scharren. Aber der Lehrer tat, als merke er nichts.

„Es ist keine richtige Klassenarbeit", erklärte er, „sondern nur ein kleiner spontaner Zwischentest. Nur damit ich weiß, daß ihr während meines Unterrichts nicht heimlich Asterix gelesen habt oder irgendeinen anderen Unsinn, der den Geist verwirrt."

Nike war kreidebleich geworden. Mit zitternden Fingern nahm sie eine leere Seite aus dem Ringbuch und beschriftete sie nach den Anweisungen des Lehrers. Ihre Schrift war krakelig und ungelenk, sie konnte kaum den Kuli festhalten.

Ausgerechnet heute, dachte sie. Ausgerechnet! Und wieso hat der gemeine Mensch den Test nicht angekündigt? Wenn ich das gewußt hätte! Ich wäre ja niemals zum Tanztraining gegangen, sondern hätte mit Jan gepaukt. Aber was ist das überhaupt für eine Gleichung? Was bedeuten diese blöden Kürzel? O Himmel, wieso hab ich das plötzlich alles vergessen? Ich hab das doch mal gewußt. Wieso ist mein Kopf so verdammt leer?

Nike warf einen hilfesuchenden Blick in die Runde. Sie schaute nur in ebensolche ratlosen leeren Gesichter. In der Klasse war es inzwischen mucksmäuschenstill.

Dr. Rentsch hatte die Gleichung beendet. Er legte behutsam die Kreide zurück, rieb sich die Kreidespuren sorgfältig mit einem auseinandergefalteten Taschentuch von den Händen und schaute lächelnd in die Klasse. „Nun, meine Lieben, an die Arbeit! Man glaubt ja gar nicht, wie schnell fünfundvierzig Minuten vergehen. Wie im Fluge."

Nike begann zu schreiben. Das Blut pochte in ihren Schläfen.

Ich schaff's nicht, dachte sie verzweifelt. Ich schaff's nicht. Oh, Jan, Jan, was soll ich bloß tun?

„Na, Kleines", fragte die Großmutter gutgelaunt, als sie gemeinsam den Tisch für das Mittagessen deckten, „wie war's denn heute in der Schule?"

„Bitte, Omi, frag nicht", murmelte Nike.

Die Großmutter schaute alarmiert auf. „Ist etwas passiert?"

„Wir haben einen Physiktest geschrieben."

„O Gott. Und?"

Nike machte mit der Hand eine Bewegung über ihre Kehle, die unmißverständlich war.

„So schlimm?" flüsterte die Oma entsetzt.

„Noch viel schlimmer", sagte Nike. „Katastrophal. Das gibt eine glatte Sechs. Darauf kann ich mich jetzt schon einrichten."

Sie stellte die Teller hin, den Untersatz für den Nudelauflauf, Salatteller, Gläser für das Mineralwasser. Sie taten alles schweigend, eifrig darum bemüht, sich nicht in die Augen zu schauen.

Nike wußte genau, was Oma dachte. Haargenau konnte sie sich vorstellen, was in ihrem Kopf jetzt ablief, das schlechte Gewissen, das Schuldbewußtsein. Wahrscheinlich dachte Oma in diesem Augenblick an alles, was die Eltern über ihre Zeugnisse gesagt hatten, und welche Versprechungen sie abgegeben hatte. Ihr Ehrenwort hatte sie gegeben, daß alles glattgehen würde in dieser Zeit. Und nun das...

„Ich mach es wieder gut, Omi", flüsterte sie. Sie breitete die Serviette auf ihrem Schoß aus und schaute zu, wie ihre Großmutter mit dem Löffel in die knusprige Kruste des Nudelauflaufs stieß. Ihr Magen war wie zugeschnürt. Sie würde keinen Bissen herunterbekommen, obwohl so ein herrlich verlockender Duft von heißem Käse, Tomaten und Sahne aufstieg.

Die Großmutter antwortete nicht. Sie nahm Nikes Teller und füllte ihn.

131

„Nicht so viel, bitte", sagte Nike leise.

„Du mußt essen", war die gegnerische Antwort. „Das nützt nun alles nichts."

„Ich mach es bestimmt wieder gut, Omi."

Die Großmutter füllte sich selbst den Teller, dann setzte sie sich hin. „Und wie willst du das machen?"

„Ich weiß es noch nicht", flüsterte Nike, „aber irgend etwas wird mir einfallen. Ganz bestimmt." Sie brach plötzlich in Tränen aus. So lange hatte sie tapfer versucht, die Tränen zurückzuhalten, aber nun schaffte sie es nicht mehr. „Es tut mir so wahnsinnig leid, Omi, bestimmt", schluchzte sie. „Weil du immer so lieb bist und so viel Verständnis hast! Ich wollte dir doch keinen Kummer machen. Dir am allerwenigsten."

„Das weiß ich doch, du kleiner Dummkopf", sagte die Großmutter zärtlich. „Jetzt werden wir einfach eine Viertelstunde lang nicht daran denken, sondern uns aufs Essen konzentrieren. Schmeckt's denn?"

Nike nickte. Sie würgte immer noch an dem ersten Bissen. Sie zwang sich zu essen, schon um ihrer Oma einen Gefallen zu tun. Dann holte sie tief Luft. „Es schmeckt ganz toll, Omi", sagte sie.

Die Großmutter strahlte. „Na, siehst du! Wir lassen uns von der blöden Schule doch nicht den Spaß verderben, oder?"

Nike schaute ihre Großmutter fassungslos an. „Du bist einfach umwerfend", sagte sie.

„Umwerfend?"

„Ja", sagte Nike, „umwerfend toll! Mir geht es wirklich schon besser, glaube ich."

Es stimmte. Vom nächsten Bissen an schmeckte das Essen immer besser.

Nachmittags kam Jan. Nikes Großmutter öffnete ihm die Tür. Sie machte ein so verzweifeltes Gesicht, daß Jan bereits das Schlimmste befürchtete.

„Nike ist in ihrem Zimmer", sagte sie. „Ich glaube, sie weint noch immer. Sag, findest du es in Ordnung, daß junge Leute wegen der Schule so verzweifelt sind?"

„Mich dürfen Sie nicht fragen", erwiderte Jan. „Ich war wegen der Schule noch keine Sekunde in meinem Leben verzweifelt."

„Du hast eben Glück. Du bist intelligent und begabt."

„Nike ist doch auch begabt."

„Ja, offenbar nicht für die Dinge, die in der Schule verlangt werden."

Jan nickte. „Das ist das Problem. Ich glaube, ich seh mal nach ihr."

„Tu das. Sag ihr, es gibt heiße Schokolade mit Schlagsahne. Ich muß sie einfach ein bißchen aufpäppeln. Sie ist ja so dünn geworden."

„Nike war doch immer dünn."

„Aber nicht so wie jetzt. Weißt du, was die Ballettlehrerin zu mir gesagt hat? Sie hat gesagt, daß sie ganz erschrocken war, als sie Nike wiedergesehen hat."

„Wieso erschrocken? Nike sieht doch super aus."

„Dann weißt du eben nicht, wie sie früher ausgesehen hat.

Sie hat so tiefe Ränder unter den Augen. Und die Lehrerin sagt, daß sie mindestens drei Kilo abgenommen hat. Ich weiß bloß nicht, wo, denn sie war ja vorher schon fast nur Haut und Knochen. Die Lehrerin sagt, es ist nicht gut, wenn Nike zu dünn ist. Weil sie dann nicht genug Kraft hat und weil auch die Muskeln abbauen. Zum Beispiel die Rückenmuskulatur."

Jan runzelte die Stirn. „Glauben Sie, daß das stimmt?"

„Woher soll ich das wissen?" seufzte die Großmutter. „Ach, weißt du, Jan, seit ich in diesem Haus bin, mache ich mir Sorgen."

Jan lächelte. „Das müssen Sie nicht. Wir kriegen das schon hin."

„Wirklich?" fragte die alte Dame zweifelnd.

Jan hob die Hand zum Siegeszeichen. „Wenn ich es sage!"

Er zwinkerte Nikes Großmutter zu und machte sich auf den Weg zu Nike. Als er die Tür zu ihrem Zimmer aufstieß, sagte er: „Also, Nike, was brauchst du: einen Psychiater, einen Seelsorger oder jemanden, der dir Mathe beibringt?"

Nike lag zusammengekrümmt auf ihrem Bett.

Als sie Jans Stimme hörte, drehte sie Jan ihr verheultes Gesicht zu. Der Versuch zu lächeln scheiterte kläglich. „Ich brauch jemanden, der mir Physik beibringt", sagte sie schwach. „Wir haben heute einen Test geschrieben. Es war die Hölle. Ich habe nichts verstanden. Absolut null. Es war wirklich der reinste Wahnsinn."

Jan zog die Tür hinter sich zu. Er ging zum Bett, setzte sich auf die Kante und beugte sich über Nike.

„Ich weiß überhaupt nicht", sagte er zärtlich, „ob ich Lust habe, so ein verheultes Gesicht zu küssen."

„Soll ich lieber eben mal ins Bad?" fragte Nike.

„Das wär eine tolle Idee", sagte Jan. „Und wenn du schon deinem Gesicht eine kalte Dusche verpaßt, dann kannst du vielleicht nachher auch das Lächeln wieder anknipsen? Da siehst du nämlich doppelt so hübsch aus."

„Aber manchmal ist einem eben nicht nach lächeln." Nike stand schwerfällig auf. „Schule ist das letzte", sagte sie aus tiefstem Herzen. „Ich hasse die Schule."

„Unsinn", erklärte Jan fröhlich. „Schule ist manchmal auch lustig. Außerdem ist Schule wichtig. In diesem Punkt bin ich ausnahmsweise mit deinen Eltern einig. Aber ich hab eine gute Nachricht."

„Wirklich?" fragte Nike. Sie wischte mit dem Handrücken über ihr tränenbeschmiertes Gesicht und schaute Jan erwartungsvoll an.

Jan breitete die Arme aus und ahmte einen Lehrer nach: „Du siehst vor dir jemanden, der sich zutraut, einem Unkundigen wie dir die Logik physikalischer Gesetze zu erklären. Und zwar so, daß du beim nächsten Test mindestens eine glatte Drei schreibst."

Nike schüttelte hilflos den Kopf. „Ich fürchte nur, dann ist es schon zu spät."

Am nächsten Morgen fühlte Nike sich hundeelend. Sie bekam einen Schüttelfrost, und der Arzt wurde gerufen. Er fühlte Nikes Puls, horchte ihre Lungen ab, ließ sie den

135

Mund aufmachen, die Zunge herausstrecken und laut „Aaaah" sagen. Er maß ihre Temperatur und befühlte ihren Hals. Dann testete er mit einem kleinen Silberhammer, den er auf ihr angewinkeltes Knie sausen ließ, ihre Reaktion und schaute mit einer Lupe in ihre Pupillen.

Während der ganzen Zeit schwieg Nike, und die Großmutter stand schreckensbleich daneben.

„Ausgerechnet, wenn die Eltern nicht da sind... Bestimmt gibt man mir die Schuld."

„Unsinn, Omi", sagte Nike, während sie das Hemd wieder überstreifte, „das denkt kein Mensch. Ich bin fünfzehn."

„Und außerdem kerngesund", sagte der Arzt. „Ein bißchen erhöhte Temperatur, das müssen wir nicht ernst nehmen."

„Aber sie hat doch einen ganz heißen Kopf", sagte die Großmutter, während sie dem Arzt ins Bad folgte und ihm ein frisches Handtuch reichte.

„Man kann einen heißen Kopf auch von etwas anderem als von Fieber bekommen", meinte der Arzt.

„So?" Nikes Oma stemmte die Hände in die Hüften. „Und wovon zum Beispiel?"

„Na", der Arzt ließ das lauwarme Wasser über seine Hände laufen, um den Seifenschaum abzuspülen, „von einer Aufregung zum Beispiel oder von Scham oder Freude."

„Freude können Sie gleich ausschließen. Meine Enkeltochter ist unglücklich. Und ich habe noch nie gehört, daß jemand vom Unglück einen heißen Kopf bekommt. Und was soll der Unsinn wegen Scham? Es gibt nichts, weswegen meine Enkeltochter sich schämen müßte."

Belustigt schaute der Arzt sie an. „Wissen Sie das so genau?"

„Ja, das weiß ich so genau."

Nikes Großmutter begleitete den Arzt zur Tür. Dann kam sie entrüstet zu Nike zurück. „Also, was die Ärzte sich manchmal herausnehmen!" rief sie.

„Wieso? Was denn? Vergiß nicht, daß Papi auch Arzt ist."

„Ach was. Dein Vater ist ganz anders. Dein Vater hätte sich viel mehr Mühe gegeben und sich viel mehr Zeit genommen." Sie schaute Nike prüfend an. „Oder bist du tatsächlich gar nicht krank?"

Nike hob unsicher die Schultern. „Ich weiß nicht. Wenn das mit dem Fieber wirklich nicht schlimm ist..." Sie warf der Großmutter einen flehenden Blick zu.

Aber die wurde plötzlich ganz streng. „Sag mal, solche Spiele treibst du doch nicht mit einer alten Frau? Du spielst mir doch kein Theater vor, nur weil du nicht zur Schule gehen magst?"

Nike schüttelte den Kopf. „Vielleicht ist das alles nur, weil ich nachts nicht mehr schlafen kann. Ich träum immer so komische Sachen."

„Was denn für Sachen?"

„Ach, manchmal vom Tanzen. Aber immer ist das Ende so schlimm. Ich tanze, und alles ist toll, und dann auf einmal liege ich in einem Sarg, und ich schließ die Augen, und jemand gibt mir einen Blumenstrauß in die Hand. Ich habe die Hände gefaltet, weißt du, und in dem Augenblick, wo ich die Augen aufmache und wieder aus dem Sarg steigen will,

137

weil das ja alles zu dem Tanzstück gehört, in dem Augenblick schlägt jemand den Deckel über mir einfach zu."

Nike lächelte, aber ihre Großmutter starrte sie wortlos an.

„Ich weiß", sagte Nike beschwichtigend, „es ist ja nur ein Traum. Aber..." Sie zögerte. Sie hatte plötzlich einen ganz trockenen Mund. Bestimmt bin ich doch krank, dachte sie. Sonst habe ich nie so eine trockene Kehle. Und meine Stirn ist immer noch ganz heiß. Sie fühlte vorsichtig mit den Fingerspitzen ihre Stirn.

„Weißt du, Omi", sagte sie, während sie sich auf das Kopfkissen zurückfallen ließ, „in meinem Kopf ist alles so durcheinander. Alles dreht sich immerzu. Ich weiß überhaupt nicht mehr, wer ich bin. Als ich vierzehn war, war alles noch so einfach."

„Warte ab", sagte die alte Dame, „von jetzt ab wird es immer noch komplizierter. Von Jahr zu Jahr. Das geht jedem so in deinem Alter."

„Was wird komplizierter?"

„Nun, alles. Die Schule, das Leben, die Liebe. Eben einfach alles."

Nike verzog das Gesicht zu einer Grimasse. „Dann will ich nicht älter werden!"

„Das sagen alle Mädchen, wenn sie glauben, daß ihnen die Probleme über den Kopf wachsen – aber wehe, sie würden tatsächlich nicht älter! Na, das gäbe vielleicht ein Zetern!" Die Großmutter ging zum Fenster und öffnete es. „Schau, die Sonne scheint. Willst du nicht lieber doch aufstehen? Einen so schönen Tag sollte man einfach nicht im Bett vertrödeln. Womöglich hat der Doktor doch recht, und du bist gar nicht krank. Außerdem habe ich für dich einen Termin vereinbart."

„Beim Friseur?" fragte Nike.

„Nein. In der Ballettschule. Vierzehn Uhr. Mademoiselle Veronique erwartet dich, strahlend natürlich. Und gesund. Mit rosigen Wangen und leuchtenden Augen. Wie es sich für ein Mädchen gehört, das einmal Tänzerin werden will."

Nike war mit einem Satz aus dem Bett. „Ist das wirklich wahr?" fragte sie. „Du läßt mich zur Ballettschule, obwohl das mit der Physikarbeit passiert ist? Obwohl du genau weißt, daß es Krach mit Mami und Papi geben wird?"

Nikes Oma seufzte. „Das mit dem Krach ist ja noch gar nicht ganz raus. Und dein Jan hat mir versichert, daß du bei der nächsten Physikarbeit keine Fehler mehr machen wirst."

„Mach ich auch nicht", rief Nike. „Wir haben die letzten Tage gepaukt wie die Weltmeister! Mir raucht ja jetzt noch der Kopf."

„Na bitte. Wenn der Kopf raucht, ist er heiß. Das ist die Erklärung. Also jetzt ziehst du dich an, machst einen Spaziergang zum Wochenmarkt mit dem Einkaufszettel und holst mal richtig schön tief Luft. Dann gibt es ein herzhaftes Mittagessen, nichts Schweres natürlich, und danach kannst du wieder in deine geliebten Ballettschuhe steigen."

Nike schlang die Arme um den Hals der Großmutter. „Wie machst du das bloß, Omi?"

„Was?"

„Daß du immer besser wirst."

Die Großmutter lachte gerührt. „Nun zieh dich aber an! Man darf die Sonne, wenn sie schon mal scheint, nicht mit Mißachtung strafen."

Nike ging über den Wochenmarkt. Sie kaufte bei der Gemüsefrau Karotten, Brokkoli, Fleischtomaten und Kräuter, beim Bio-Bauern ein Brathuhn, gesalzene Butter, am Käsestand drei Sorten Käse, und zum Schluß stülpte sie das kleine marokkanische Portemonnaie um, in dem sie ihr Taschengeld verwahrte, und kaufte für das ganze Geld bei der Blumenfrau einen riesengroßen Strauß Frühlingsblumen. Den stellte sie mitten auf den Wohnzimmertisch.

„Kleines!" rief die Großmutter. „Was soll das? So eine Verschwendung!"

Aber Nike lachte nur und tänzelte trällernd aus dem Zimmer. Sie konnte sich nicht erklären, wieso sie sich auf einmal so glücklich fühlte. Aber manchmal sind Erklärungen ja auch gar nicht so wichtig.

Mademoiselle Veronique gab Nike zwei Einzelstunden, und am nächsten Tag übte Nike mit Sven, einem Tänzer am Lübecker Stadttheater, der auch einmal bei Mademoiselle Veronique Schüler gewesen war, einen *Pas de deux*. Es war das erste Mal, daß sie eine ganze Partie durchtanzen mußte, mit schwierigen Sprüngen und Hebefiguren, mit *tour en l'air* und Fischsprung. Sie mußte sich anstrengen wie selten zuvor bei einem Training.

Nike war bald schweißgebadet, aber sie lächelte immerzu. Sie war so glücklich; sie liebte diese Musik aus Tschaikow-

skys *Dornröschen*. Sie kannte sie auswendig und hatte all die Figuren, die sie jetzt zeigen mußte, in Gedanken schon hundertmal getanzt.

Sven war wunderbar. Er nickte ihr immer aufmunternd zu, er merkte schon vorher, wenn sie einen Schritt verpatzen würde, und fing sie rechtzeitig auf, bevor sie strauchelte.

Mademoiselle Veronique war streng und unerbittlich. Diesmal lobte sie Nike nur, wenn es wirklich etwas zu loben gab. Oft genug fand sie einen Fehler. Und dann mußten sie wieder von vorn beginnen. Und wieder von vorn ...

„Himmel", stöhnte Nike in einem unbeobachteten Augenblick „meine Knie werden schon ganz weich."

„Dann geht es um so besser", flüsterte Sven zurück. Er faßte ihre Taille und hob sie hoch, und Nike lächelte wie eine perfekte Ballerina und streckte die Füße und hob graziös die Arme und landete ganz sanft wieder auf den Zehenspitzen.

„Bravo!" rief Mademoiselle Veronique. Sie klatschte so begeistert in die Hände, daß ihr Wolltuch zu Boden glitt. Aber sie schien es nicht einmal zu bemerken. Sie lief auf die beiden zu und drückte ihnen einen Kuß auf die Wangen.

Am Ende der Stunde fragte Mademoiselle Veronique: „Wann kommen deine Eltern zurück, Nike?"

„Am Dienstag", antwortete Nike. Und sofort überfiel sie eine Art von Lähmung, und ihr wurde ganz kalt vor Angst.

„Und?" fragte die Ballettlehrerin. „Was glaubst du?"

„Ich weiß nicht", sagte Nike. „Ich hab wirklich keine Ahnung, was sie sagen werden. Vielleicht werden sie wütend auf mich sein und mir das Tanzen auf immer verbieten."

„Davor hast du Angst, nicht wahr?"

Nike nickte. „Unheimliche Angst." Dann schaute sie auf. „Aber ich bereue trotzdem nichts", sagte sie. „Gar nichts. Heute war es so toll. Ich glaube, ich werde das nie vergessen."

„Ihr wart beide wirklich professionell", sagte Mademoiselle Veronique. „Wenn John Neumeier, der Ballettdirektor, euch so gesehen hätte, hätte er euch bestimmt in sein Internat aufgenommen. Das heißt ..., Sven hat diesen Teil der Ausbildung ja schon hinter sich."

Nike bekam vor Freude einen hochroten Kopf. „Glauben Sie wirklich", fragte sie, „daß ich schon soweit bin, daß ich vortanzen kann?"

„Ja, natürlich! Aber heute ist heute. Morgen kann es schon ganz anders sein. Und übermorgen wieder anders. Man weiß nie. Man darf nie zu sicher sein. Niemals. Wer tanzt, lebt immer am Rande des Abgrundes. Jeden Augenblick kann etwas passieren. Man kann straucheln, sich den Knöchel verstauchen, der Fuß kann brechen, eine Sehne reißen. Man kann auch plötzlich Rückenschmerzen bekommen ..."

Bei der Erwähnung des Wortes Rückenschmerzen zuckte Nike zusammen. Aber sie bemühte sich, weiter zu lächeln und zuzuhören, als sei nichts gewesen. Von ihren Rückenschmerzen hatte sie ja noch keiner Menschenseele etwas erzählt. Das war ein Geheimnis, das sie für sich behalten würde.

Mademoiselle Veronique strich Nike die Haare aus dem

Gesicht. „Ich werde noch einmal mit deinen Eltern reden. Mehr kann ich nicht tun. Und du?"

„Ich werde weiter für die Schule büffeln", versprach Nike, „so lange, bis mir die Matheformeln aus den Ohren wieder herauskommen."

„Hast du dich denn schon ein bißchen gebessert?"

Nike nickte. „In Mathe ja. Sehr sogar. In Physik hab ich Pech gehabt. Aber das passiert mir auch nicht ein zweites Mal. Ich hab mir vorgenommen, mich am Montag freiwillig zu melden, für die Hausarbeit. Wer weiß, wenn die gut wird, kann ich vielleicht den schlechten Test ausbügeln."

Mademoiselle Veronique lächelte. „Ich drücke dir die Daumen, Chérie."

Dr. Rentsch schob mit dem Mittelfinger den Brillenbügel hoch und schaute Nike an. Sein Gesicht drückte Erstaunen und Ratlosigkeit aus.

„Arnika", sagte er. Und dann wiederholte er, als könne er es immer noch nicht fassen: „Arnika Ingwersen." Er schüttelte in ungläubigem Staunen den Kopf. „Es ist das erste Mal, seit ich in dieser Klasse unterrichte, daß du dich freiwillig zu einer Arbeit meldest."

Nike hielt immer noch die Hand ausgestreckt in die Luft. Ihr Herz pochte, aber sie blickte dem Physiklehrer unerschrocken ins Gesicht.

„Du kannst deinen Arm jetzt runternehmen", sagte Dr. Rentsch sanft. „Wir haben gesehen, daß du dich gemeldet hast. Wir wissen jetzt alle, daß du bereit bist, die Arbeit bis zur nächsten Stunde zu machen."

Nike nahm die Hand herunter. Dr. Rentsch ging, um ein Fenster zu öffnen. Dann drehte er sich um, den Rücken zum Fenster, und schaute sie wieder an.

„Was ist los?" fragte er. „Woher stammt deine plötzliche Begeisterung für die Physik?"

„Weil ich die verpatzte Testarbeit ausbügeln möchte", sagte Nike, „weil ich mir eine Fünf in Physik im Zeugnis nicht leisten kann."

„Ach", sagte Dr. Rentsch. „Und wann ist dir dieser großartige Gedanke gekommen?"

„Schon vor einer Weile", antwortete Nike. Es war ihr peinlich, daß die ganze Klasse das Gespräch mitbekam. Aber im Grunde war es ja auch egal. Alle wußten, daß sie in Physik eine totale Niete war. Alle wußten, wie ihr Notendurchschnitt aussah und daß sie sich eine Fünf in Physik ebensowenig leisten konnte wie eine in Mathe. In Chemie war sowieso alles verloren. Diese Fünf würde sie immer mit sich rumschleppen müssen.

„Wenn du deine Note verbessern willst", sagte der Lehrer, „mußt du dich aber sehr anstrengen."

„Das will ich ja", sagte Nike.

„Und du glaubst, du schaffst es?"

Nike lächelte zuversichtlich. Dann nickte sie.

Der Physiklehrer nahm seine Brille ab, putzte sie mit dem kleinen Lederlappen, den er immer in der Brusttasche trug, und setzte sie wieder auf. Es kam Nike so vor, als habe er die Brillengläser nur geputzt, um sie besser betrachten zu können. Wahrscheinlich hielt er sie jetzt für so eine exotische Art von Schülerin.

Er nickte Nike zu und sagte: „Wenn es so ist, dann sollte es mich freuen. Du weißt ja, daß ich nie die Hoffnung aufgebe. Nicht einmal bei Schülern, die so wenig Interesse gezeigt haben wie du bislang. Also, dann mal los! Ich bin gespannt, wie du mit der Aufgabe zurechtkommst."

Nike war froh, daß es geklappt hatte. Sie hatte schon befürchtet, daß wieder einmal Reiner die Arbeit zugeteilt würde. Reiner war der Beste in Physik, kam auf eine glatte Eins. Reiner konnte die Zusammenhänge fast so gut erklären wie Dr. Rentsch selbst. Schon deshalb brummte man ihm immer die Arbeiten auf. Aber jetzt hatte Nike den Auftrag bekommen.

Das war die Stunde der Bewährung ...

In der großen Pause suchte sie Jan. Sie entdeckte ihn, in ein Gespräch mit zwei Mädchen aus seiner Klasse verstrickt. Sie hörte ihn lachen, und sie verspürte sofort einen Stich. Eifersüchtig bin ich auch noch, dachte sie. Ich mach mir das Leben wirklich nicht gerade leicht.

Als Jan sie über den langen Flur kommen sah, ließ er die beiden Mädchen sofort stehen und ging ihr strahlend entgegen. Sofort machte Nikes Herz einen Freudensprung. Er liebt mich, dachte sie. Kein Grund zur Panik. Er hat die beiden einfach stehenlassen. Und jetzt schauen sie zu, wie wir uns begrüßen. Und vielleicht gibt er mir sogar einen Kuß ...

„Eben gerade habe ich gedacht, wie toll es wäre, wenn du auf einmal um die Ecke kämst", sagte Jan. „Ich habe wohl

146

telepathische Fähigkeiten – schon bist du da! Einfach super."

Jan legte ihr die Hände auf die Schultern und gab ihr einen Kuß.

Er gab ihr tatsächlich einen Kuß! Vor den Augen der beiden Mädchen aus seiner Klasse, ohne sich im geringsten zu genieren und ohne Angst, daß ein Lehrer um die Ecke biegen und irgendeine dumme Bemerkung machen könnte. Denn die Lehrer waren der Ansicht, daß man während der Schulstunden die Liebe einfach ausschalten sollte, wie man das Licht ausknipst, wenn man ein Zimmer verläßt. Tausend Gedanken gingen Nike durch den Kopf in dieser kleinen Sekunde, als Jan sie küßte. Sie war so glücklich! Sie hätte ihm das gerne gesagt, aber irgendwie war es auch wieder peinlich, dachte sie, so ganz ohne Anlaß und mitten in dem Schulflur, der nach dieser scheußlichen Kernseife roch.

„Ich mach die Physikarbeit", sagte sie. „Dr. Rentsch ist zwar vor Schreck die Brille von der Nase gefallen, aber ich kann die Arbeit machen."

„Das ist toll", freute sich Jan. „Das ist die Chance für uns! Wann soll ich heute nachmittag kommen?"

„Wann du willst", sagte Nike.

„Ist drei Uhr okay?"

„Drei Uhr ist super", sagte Nike. Sie drehte sich um und ging den Weg über den endlosen Flur zurück. Eine „Babyklasse" kam ihr entgegen, eine lärmende Meute von Winzlingen, die alle zum Musiksaal wollten. Nike bahnte sich mühsam einen Weg.

Plötzlich hörte sie, wie Jan ihren Namen rief.

Sie drehte sich um und schaute ihn über die Köpfe der Kleinen hin an.

„He", rief Jan, „ich wollte bloß wissen, wann deine Eltern eigentlich zurückkommen."

Nike formte mit den Händen einen Trichter um ihren Mund. „Morgen!" rief sie.

Jan reckte in stummer Verzweiflung die Hände gegen die Decke.

Genauso, dachte Nike, geht es mir auch.

Den ganzen Nachmittag büffelten sie Physik. Nike war manchmal so erschöpft, daß sie sich stöhnend auf das Bett warf. Aber Jan kam dann zu ihr, streichelte sie, gab ihr einen kleinen zärtlichen Kuß und sagte irgend etwas, das sie zum Lachen brachte. Und das Lachen gab ihr merkwürdigerweise wieder Kraft, um weiterzumachen.

„Eine Schinderei", sagte Nikes Oma mitleidig, wenn sie den Kopf durch die Tür steckte, um den beiden irgend etwas anzubieten. Diesmal hatte sie kleine, mit Vanillecreme gefüllte und mit dunkler Schokolade überzogene Windbeutel auf einem Kuchentablett angerichtet. Dazu gab es Tee mit Kandiszucker.

„Von so einer Oma", sagte Jan, während er einen Windbeutel verspeiste, „hab ich immer geträumt. Können wir sie uns nicht teilen?"

Nike lachte. „Frag sie doch mal!"

„Das ist mir peinlich", sagte Jan. „Noch Tee?"

Und eine Viertelstunde später saßen sie schon wieder am Schreibtisch.

Aber um acht Uhr abends, gerade als sie aus dem Wohnzimmer den Gong für die Tagesschau hörten, waren sie fertig. Und Nike hatte das sichere Gefühl, daß sie alles verstanden hatte.

Sie fühlte sich leicht und befreit – und gleichzeitig ungeheuer müde und erschöpft.

Als sie Jan an der Haustür zum Abschied küßte, sagte sie: „Ich weiß überhaupt nicht, wie ich das je wieder gutmachen kann. Du opferst deine ganze Freizeit für mich. Die Paukerei muß dir doch allmählich auf die Nerven gehen."

Jan grinste. „Wenn das der Fall wäre, hätte ich schon längst damit aufgehört." Er nahm ihre Hände und legte sie um seinen Nacken. „Aber was die Wiedergutmachung betrifft – darauf besteh ich natürlich! Was bekomme ich denn?"

Nike lächelte Jan an. „Was du willst", sagte sie.

„Was ich will?" wiederholte Jan. „Meinst du das ernst?"

„Ich meine immer alles ernst, was ich sage", antwortete Nike. „Und besonders das, was ich zu dir sage."

„Dann ist es gut", murmelte Jan. Er gab Nike noch einen Kuß und noch einen und noch einen. Aus dem Wohnzimmer drang die Stimme des Nachrichtensprechers. Es bestand keine Gefahr, daß Nikes Oma plötzlich im Flur auftauchte. So konnten sie sich ein bißchen inniger küssen als sonst.

„Weißt du schon, was du dir wünschst?" flüsterte Nike.

Jan rieb seine Nase an ihrem Haar. „Aber klar doch", sag-

149

te er. „Das weiß ich schon, seit ich dir im Café Größenwahn den ersten Cappuccino spendiert habe." Er lachte, befreite sich aus Nikes Armen und sprang mit drei Sätzen die Eingangstreppe hinunter.

Nikes Eltern kamen braungebrannt und gutgelaunt zurück. Sie stellten den Koffer im Flur ab, hängten die Regenmäntel in die Garderobe, streichelten Balthasar – aber die erste Frage, die sie stellten, lautete: „Und? Was macht die Schule?"

Obwohl Nike auf die Frage vorbereitet war, war sie dennoch enttäuscht. Sie hatte geglaubt, daß ihre Eltern wenigstens so eine Art Schonfrist verstreichen lassen würden, bevor sie anfingen, von der Schule zu reden.

„Die Schule war das letzte Wort, das ihr vor der Reise in den Mund genommen habt", sagte sie trotzig, „und es ist das erste, das euch einfällt, kaum daß ihr wieder zu Hause seid."

„Weil es uns beschäftigt", sagte Nikes Vater.

„Und weil du von selbst ja sowieso nicht mit dem Thema beginnst", fügte Nikes Mutter hinzu.

Nike senkte die Augen, preßte die Hände zwischen die Knie und schwieg.

Schließlich räusperte sich die Großmutter. „Also", sagte sie, „nun hört mal gut zu! In der Mathearbeit hat das Kind eine glatte Drei."

„Laß dich umarmen, Schätzchen", sagte Dr. Ingwersen sanft. „Ich bin wirklich stolz auf dich!"

„Eine Drei? Eine glatte Drei?" rief Nikes Mutter hingerissen. „Also, das ist ja die schönste Nachricht seit langem."

„Und heute ist sie vor der ganzen Klasse für ihre Hausarbeit in Physik gelobt worden", fuhr die Großmutter mit erhobener Stimme fort.

Nike saß immer noch stumm mit gesenktem Kopf da. Sie fand die Veranstaltung lächerlich. Aber trotzdem verspürte sie so etwas wie einen heimlichen Triumph, als sie die Großmutter reden hörte.

„Nike hat heute in Physik einen Vortrag gehalten. Über ein sehr kompliziertes physikalisches Gesetz. Was war es doch noch schnell, Kleines?"

„Dampf", murmelte Nike.

„Ah ja. Dampfenergie und was man daraus entwickeln kann – so ähnlich."

„So ähnlich", murmelte Nike. Sie schaute immer noch nicht auf, und die ausgestreckten Arme ihres Vaters schien sie gar nicht zu bemerken.

„Also hat eure Tochter diesen schwierigen, höchst komplizierten Vortrag vor der gesamten Klasse und natürlich auch vor dem Physiklehrer gehalten, und nachher hat er gesagt: ‚Nike, das war ausgezeichnet. Ganz ausgezeichnet. Das hätte man gar nicht besser machen können!'"

Dr. Ingwersen starrte abwechselnd seine Schwiegermutter und seine Tochter an. „Ist das wahr?" fragte er. „Ist das wirklich wahr?"

„Aber natürlich, Frank. Glaubst du, ich erzähle Märchen?"

„Laß dich umarmen", sagte Dr. Ingwersen.

Aber Nike schüttelte nur stumm den Kopf. „Gleich sagst du das nicht mehr", brummte sie. „Denn wir müssen euch noch etwas anderes erzählen."

Das Gesicht ihrer Mutter verdüsterte sich schlagartig. „Etwas anderes? Was denn?" rief sie. „Was ist passiert?"

„Reg dich nicht auf", sagte die Großmutter. Und dann erzählte sie von den Ballettstunden, und sie sprach so schnell, daß weder Nikes Vater noch ihre Mutter dazwischenreden konnten. Sie waren einfach gezwungen zuzuhören, von Anfang bis Ende.

„Und deshalb", sagte die Oma, „möchte Mademoiselle Veronique noch einmal mit euch sprechen. Sie möchte euch noch einmal genau erklären, warum sie findet, daß Nike diese Chance haben sollte."

„Welche Chance?" fragte Dr. Ingwersen gereizt.

„Zum Vortanzen in Hamburg. Vor der Jury des dortigen Ballettinternats. Es bedeutet ja noch nichts. Es bedeutet wirklich gar nichts. Aber zumindest wissen wir dann alle, ob Nike überhaupt ausreichend begabt ist für eine Karriere als Tänzerin. Wenn nicht, dann wird sie sich damit abfinden müssen." Sie ging auf Nike zu und hob ihr Kinn. „Das wirst du doch, nicht?"

Nike lächelte ihre Großmutter an. „Natürlich. Das ist doch klar. Wenn ich nicht gut genug bin, dann muß ich das akzeptieren."

Dr. Ingwersen seufzte und fuhr sich mit der Hand durch die Haare.

Schließlich nickte er. „Okay. Wir reden mit ihr. Wir hören uns an, was sie zu sagen hat."

Zum ersten Mal schaute Nike ihrem Vater ins Gesicht. Sie

startete ein Versuchslächeln, was sogar halbwegs gelang.

„Schau an", sagte Dr. Ingwersen, „unsere Tochter kann ja sogar lächeln."

„Aber nur, wenn sie will", erklärte Nikes Mutter. „Sie ist eben genauso stur wie du."

An diesem Abend tranken die Ingwersens eine Flasche Wein zum Essen, „zur Feier das Tages", wie der Vater sagte.

Als Nike später zu Bett ging, holte sie ihr Tagebuch aus der Schreibtischschublade hervor. Sie stopfte sich die Kissen in den Rücken, legte sich ihr Stoffschäfchen in den Schoß und das Tagebuch auf die Knie. Sie schrieb:

Ich kann es immer noch nicht glauben – sie haben es erlaubt!!! Meine Eltern haben ja gesagt! Ich darf mit Mademoiselle Veronique nach Hamburg fahren, zum Ballettinternat, und vortanzen! Mademoiselle Veronique will so bald wie möglich einen Termin machen! Wir müssen nicht einmal das Zeugnis abwarten. Ich kann es überhaupt noch nicht fassen. Es ist zu schön, um wahr zu sein! Wenn ich denke, wie verzweifelt ich war, wie hoffnungslos alles war, noch vor ein paar Tagen – es ist einfach zu schön!

Nike mußte sich ein paar Freudentränen aus den Augen wischen, dann schrieb sie weiter:

Ich bin so glücklich, ich könnte die ganze Nacht tanzen. Ich wollte gleich Jan anrufen, aber dann hab ich

153

mir überlegt, ich mach es anders. Ich lade ihn ins Café Größenwahn ein. Ich lade ihn ganz groß ein! Ich laß mir von den Eltern einen Vorschuß aufs Taschengeld geben, und dann wird gefeiert! Von jetzt ab wird das Leben ein einziges Fest. Beschlossen und verkündet am Dienstag, den 13. Mai, um 23 Uhr 13.

Es waren genau sieben Wochen und drei Tage vergangen, seit Nike fünfzehn geworden war.

Sie klappte das Tagebuch zu, schob es unter ihr Kopfkissen, gab dem Stoffschäfchen einen Kuß auf die wollige Nase und rollte sich glücklich unter der Decke zusammen.

Über die Autorin

Brigitte Blobel ist in Hamburg geboren und aufgewachsen. Nach dem Abitur heiratete sie und bekam zwei Kinder.
Später studierte sie in München Politik und Theaterwissenschaft und arbeitete nebenher als Journalistin. In dieser Zeit entstanden ihre ersten Kinderbücher.

Mit ihrem zweiten Mann hat Brigitte Blobel über zehn Jahre am Starnberger See gelebt. Vor ein paar Jahren ist sie wieder nach Hamburg gezogen. Sie reist als Journalistin und Reporterin für namhafte Zeitschriften um die Welt. Außerdem schreibt sie Drehbücher für Fernsehfilme – und natürlich Bücher für Jugendliche und Erwachsene. Im Franz Schneider Verlag erscheint außer der *Ballerina*-Serie die Reihe *Gefühlssachen*.

Gefühlssachen

VON BRIGITTE BLOBEL

Ach, Schwester ...
Protokoll einer Liebe

Plötzlich ist alles anders
Geschichte einer Mädchenfreundschaft

Eine Tür fällt zu
Wenn Eltern auseinandergehen

Tanzen sehr gut – Mathe ungenügend
Trotz schlechter Noten weiter zum Ballett?

Ohne dich kann ich nicht leben
Das Schicksal einer großen Liebe

Einen Lehrer liebt man nicht
Julia lernt den neuen Deutschlehrer kennen

Die Neue, mein Bruder und ich
Wenn freundschaftliche Gefühle ausgenutzt werden

Ciao, bella!
Eine Sommerliebe

Seine Mutter mag mich nicht
Jule verliebt sich in Kai

Sturmfreie Bude
Es ist nicht alles Gold, was glänzt

Bruderherz
Julian beobachtet jeden Schritt, den Mascha tut

BALLERINA

SERIE VON
BRIGITTE BLOBEL

Ballerina
(Band 1)
Sarahs Traum

Ballerina
(Band 2)
Die Traumtänzerin

Ballerina
(Band 3)
Solo für Sarah

Ballerina
(Band 4)
Spitzentanz

Gaby Schuster
Halt mich fest in deinen Armen!

Angela Schützler
Mit 16 hat man noch Träume

Annette Weber · *Ich will nur Dich!*
Ursula Wagenhorst · *Küsse für den DJ*
Gaby Schuster · *Wahre Liebe*
Helen Hoffmann · *Feuer und Flamme*
Herbert Friedmann · *Schmetterlinge im Bauch*
Gaby Schuster · *Ein Lied für Dany*
Tina Caspari · *Traumjob – Liebe inbegriffen*
Angela Schützler · *Im siebten Himmel*

Sweet Sixteen
SERIE VON
ANN BRANDON

Sweet Sixteen
(Band 1)
Larissas
Entscheidung

Sweet Sixteen
(Band 2)
Liebe made in USA

Sweet Sixteen (Band 3)
Bin ich verliebt?

Sweet Sixteen (Band 4)
Ferien in London

Sweet Sixteen (Band 5)
Zeit für Gefühle

Sweet Sixteen (Band 6)
Ein Fall von Liebe

Sweet Sixteen (Band 7)
Nur die Liebe zählt

Sweet Sixteen (Band 8)
Schenk mir deine Liebe

Sweet Sixteen (Band 9)
Love Game